Ehestreit: 270
Stunden ohne Kind: 50
Stunden die ich bereue: 0

Kapitel 1
Der Wunsch oder..
Schatz, ich will ein Kind

Ob von langer Hand geplant oder aus heiterem Himmel. Der Wunsch ein Kind zu haben und der Entschluss dazu sind zwei völlig unterschiedliche Dinge. Der Wunsch bzw. die Debatten darüber, gefolgt von vom Schwelgen in evtl. Erziehungsmethoden bis hin zum Aufzählen von möglichen Namen, hat diese Phase etwas herrlich unverbindliches. Man albert etwas herum, füllt die ein oder andere Werbepause mit neuen Ideen wie man denn das Kinderzimmer streichen würde und tut eigentlich so als wäre der kleine Wurm schon unterwegs. Ich bin dann immer mit einem Lächeln eingeschlafen weil ich wusste, dass meine Frau glücklich über meine Anteilnahme und der kleine Wurm eben noch nicht unterwegs war. Doch da geht der Vergleich zur Achterbahn schon los, denn dieser Abschnitt ist wie das Angeben dass man in eben die Achterbahn steigen wird vor der man schon immer Angst hatte. Man sitzt also bei Freunden im Auto auf dem Weg zum Freizeitpark und prahlt damit, weil es immer noch weit weg ist.

Der Entschluss und die daraus resultierenden Vorbereitungen und Folgen haben da schon etwas beängstigend bindendes. Denn ist der Entschluss erst mal gefasst gibt es so gut wie kein zurück mehr. Ich möchte mal vorsichtig vermuten, dass es eine menge Männer gibt, die diesem Entschluss mit einer gewissen Naivität zustimmen und immer den Gedanken im Hinterkopf haben, das dass ganze immer noch sehr weit weg ist. Bei mir war es ähnlich. Der Gedanke reifte schon lange,war aber wie der Wunsch sich endlich mal eine neue Couch

Achterbahn....

Prolog

„Vater werden ist nicht schwer, Vater sein umso mehr". Solche und ähnliche Sprüche werden einem als werdender und oder frisch gebackener Vater dermaßen inflationär um die Ohren gehauen, dass man schon gar nicht mehr hinhören mag. Wer immer dies liest und sich schon erfolgreich fortgepflanzt hat, wird die Erfahrung gemacht haben, dass die im Freundeskreis befindlichen gleichgesinnten einen „wertvollen" Tipp nach dem anderen absondern. Mal von Leuten die es wirklich lieb meinen, mal von sozial verwackelten Hobby-Predigern die, obwohl sie sich Freunde nennen, sich nicht mal die Mühe geben die Botschaft „wir wissen es eh besser und du hast keine Ahnung" im Subtext zu verstecken. Dann gibt es noch die, Vollzeit-Junggesellen, die weder ein Kind haben, noch die Absicht und schon gar nicht die soziale Kompetenz oder das Verantwortungsbewusstsein um ihre Gene weiterzugeben. Deren, als Erfahrung getarntes, Halbwissen speist sich ausschließlich aus RTL2 Dokusoaps, Bildzeitungsberichten von Leuten die Kinder haben und einem Übermaß an Persönlichkeit.

Die meisten dieser Tipps und Kalenderweisheiten werden im Laufe dieses Buches auftauchen und ich wette, dass euch das ein oder andere nicht nur bekannt vorkommt sondern auch noch in den Ohren klingelt.

Ich bin seit Oktober 2011 Vater eines Sohnes. Aufgrund Sozial-finanzieller Umstände bin ich seit 5 Monaten in Elternzeit und werde dies auch noch weitere 4 Monate sein. Kurz gesagt: Meine Frau verdient deutlich mehr als ich. In Zeiten in denen man als Mann öffentlich zugeben darf dass man zu einem „Backstreet Boys" Konzert geht, ist das Outen als Kleinverdiener nur noch eine Fußnote. Alles in allem habe ich mich also für 9 Monate verpflichtet. Und genau wie bei der Bundeswehr, weiß man nicht wirklich worauf man sich einlässt. In erste Linie allerdings hatte ich die ganze Zeit das Gefühl einer Achterbahnfahrt. Vom Entschluss über das Anstellen in der Schlange (meiner Meinung nach die größte Folter) bis hin zum Aufzug auf den Gipfel und der unvermeindlichen Schußfahrt in deren Anschluss man permanent zwischen Euphorie und dem Willen wieder auszusteigen wechselt. Ich habe dieses Buch nicht Chronologisch sondern nach einigen Hauptthemen geordnet. Die Erkenntnis, wann die jeweiligen Fallen, Ereignisse und Begebenheiten auf eine warten, soll dann doch jeder für sich entdecken und ruhig mal Hinein stolpern.

Über den Sinn oder Unsinn solch eines Buches braucht man nicht streiten. Denn wenn es dieses Werk in deine Hand geschafft hat, hat es schon seinen Sinn erfüllt. Wer über diesen Prolog hinaus liest wird sich evtl. wieder erkennen, sich erinnern, peinlich berührt fühlen oder einfach nur fragen wieso er weiterlesen sollte. Tja....lasst euch überraschen.

Meine Elternzeit in Zahlen:

6480 Stunden gesamt.
2160 Stunden Nacht (8 Stunden)
Geschlafen: 1080
4320 Stunden Tag
Der Verzweiflung nahe: 810

anzuschaffen nur Temporär vorhanden und unterlag vielen äußeren Einflüssen. Da spielten dann sehr banale Gegebenheiten eine große Rolle. Ein braves, süsses und vor allem leises Kind im Bus das zu einem Pärchen ungefähr gleichen Alters gehörte, ließ mich nicht nur mit dem kleinen spielen, sondern auch danach mit geschwollener Brust zu meiner Frau stolzieren um Ihr zu sagen „ Ich will ein Kind". Allerdings dauerte diese Phase immer nur so lange bis ich woanders dann wieder ein Paar sah, das ein Kind hatte, dass quängelt, schreit, nervt. Plötzlich rückte der Wunsch nach so einem Ding das eh nur viel zu viel Geld kostet in weite Ferne. Man ist also am Freizeitpark angekommen und sieht diese Achterbahn von weitem. Macht alles einen noch so harmlosen Eindruck, dass man locker noch Witze reißen kann über die kreischenden Leute die gerade die Schussfahrt erleben. Je näher man kommt, desto weniger witzig erscheinen die Schreie, da man langsam realisiert, dass man bald genau zu diesen Sirenen gehören könnte. Und ehe man „Windel" sagen kann, steht man auch schon in der Schlange.

Bei meiner Frau war der Wunsch schon lange vor der Hochzeit im Reifeprozess. Ich hingegen gehöre zu einer der vielen Männern die in ihrer sexuellen Blütezeit, in der die Fangquote ihren Höhepunkt erreichte, ihr gesamtes Jahresgehalt darauf verwettet hätten, dass sie auf keinen Fall ein Kind haben werden. Zumindest keines das sie anerkennen. Obwohl mein Verhalten in dieser Sache wohl einem Paradoxon gleicht. Denn ich habe bei diversen Möglichkeiten die statistische Wahrscheinlichkeit meine Gene an irgendeine mir völlig fremde Eizelle andocken zu lassen, durch den sehr mangelnden Einsatz von Verhütungsmitteln, dermaßen in die Höhe getrieben, das es an ein Wunder gleicht, dass nicht viele viele Flori´s diesen Planeten bevölkern. Aber irgendwann trifft man dann halt diese eine Frau. Man weiß nicht warum, aber irgendwie passt alles plötzlich und der wachsende Wunsch nach einem halbwegs sicheren Hafen lässt einen dann automatisch auch diese gesellschaftliche Konvention in Betracht ziehen. Zu allem Überfluss setzte meine Frau dann noch eine sehr harte aber durchaus verständliche und erschreckend ehrliche Daumenschraube an. Kurz vor der Endplanung unserer Hochzeit sagte sie, und ich zitiere: „ ich will auf jeden Fall Kinder. Wenn du keine willst, sag es jetzt und ich suchen mir jemanden der Kinder möchte". BAM. Auch wenn es ein wenig nach Erpressung klingt, so war ich in diesem Moment eigentlich nur von ihrer Ehrlichkeit beeindruckt.

Kapitel 2
Der Entschluss...oder
die Schlange

Wie schon erwähnt, sind Wunsch und der Entschluss ja 2 paar Schuhe. Mir wurde der Entschluss aufgrund der Rahmenbedingungen auf so romantisch-verklärte Weise untergeschoben, dass man meiner Frau eine Art kreative Hinterlist unterstellen könnte. Folgende Situation: 2 wöchiger Urlaub in Norwegen. Kleine Holzhütte mit Kaminofen und Blick auf einen Fjord-Ausläufer. Das Feuer brennt, das Bärenfell liegt auf dem Boden und es ist unser 1. Hochzeitstag. Die, zum ertragen der ehelichen Gemeinschaft dringend notwendige Zufuhr von Alkohol nahmen wir in Form von Sekt zu uns und (keine Scherz) sie fütterte mich mit Pralinen. In dem kleinen tragbaren CD Spieler von Telefunken der wohl vorher im Besitz von Erwin Rommel war, drehte sich verträumt eine

„Kuschelrock" CD. In so einer Situation würde wohl der gesamte Cast von „Expendables" schwach werden. Meine Angetraute nutzte hier die post-coitale Situation um mir diesen so wichtigen Entschluss, mit folgenden Worten, zu entlocken: „Schatz, woll`n wir mit der Babygeschichte loslegen?" Ich lag noch wie eine angeschossener Hirsch, fast bewusstlos neben Ihr und spürte wie das Blut langsam aus dem „Full Bull" Bereich in die, zum Denken notwendigen, Regionen zurückfließt. Ich glaube rückblickend, dass sie mich auch hätte fragen können ob ich für sie einen T-Rex mit einem Strumpfband erledige. Ich hätte JA gesagt. Nur die Frage auf die ich wirklich antwortete hatte wesentlich ernstere und greifbarere Konsequenzen.

Tja,... wer hätte das gedacht. Wir waren zurück im Alltag, die Pille ist abgesetzt und jeder Coitus könnte langjähriges Mäthyrium nach sich ziehen. Beim ersten mal ohne Pille und mit der Wahrscheinlichkeit der Empfängnis sah ich in Gedanken schon eine Teil meines bisherigen Liebeslebens vor meinem inneren Auge Kaleidoskopartig vorbei ziehen. Ganz schlimm war es als meine Frau mich mittendrin schon fragte: „und... meinst du das wird es??".. Dieser wunderschöne Akt der bisher nur dem reinen Selbstzweck diente, zielte plötzlich auf etwas ab, von dem ich nicht wusste ob es gut oder schlecht ist. Alleine dieser Gedanke lies meine Euphorie und damit auch meine stets zuverlässige Manneskraft wanken. Ich musste mich wirklich anstrengen um in den folgenden Monaten diese Gedanken zu verdrängen. Erschwert wurde die Verdrängung durch die schon genannten Folgen des Entschlusses. In fast jeder freien Minute in der man sonst gekuschelt, geschmust, gefummelt oder sich einfach nur von Fernehen berieseln lassen hätte wurden nun: über

Namen diskutiert, evtl. Erziehungsmethoden ausgelotet, wobei die Namensfindung das lustigste war. Wir schmissen uns wahrlos Namen an den Kopf. Zuerst waren die männlichen dran. Wir legten folgende Strategie fest. Wir sagten abwechseln Namen und immer wenn einer für den Gegenüber in Frage kam, sagt dieser „Stopp". Dieser Name wurde dann notiert. Das geniale an dieser Strategie war, dass wir unsere Auswahl recht schnell eingrenzen konnten. Danach folgte das ganze dann im weiblichen Bereich. Natürlich zog sich das über mehrere Wochen und div. Werbepausen hin. Im Grunde war es wie ein Casting, wobei die notierten Namen dann in den Re-call kamen. Nur 2 Namen kamen dann in den Workshop: Luca und Mia. Bei Schriftstellern der Arbeitstitel.

Da steh ich nun in der Schlange und sehe, wie sich die Bügel bei denen schließen, die nicht mehr entkommen können. Mal ehrlich... kennt ihr das auch. Wenn man sich ein neues Auto kauft, hat man das Gefühl, dass die ganze Welt genau diese Marke fährt. Mir ging es so, als ich wusste, es könnte post-coital jederzeit soweit sein. Ich hatte das Gefühl, die ganzen Welt ist Schwanger.. für die Leute hatten sich die Bügel schon geschlossen. Ich war kurz davor. Und mir war gar nicht wohl.

Kapitel 3

Ich hasse Frauenärzte....
Der Bügel schließt sich!

Wir schliefen nicht mehr mit einander, wir hatten auch keinen Sex mehr wir hatten nicht mal mehr einen Quicki,...nein wir arbeiteten an einem Baby. Auch wenn wir nach außen hin immer behaupteten, dass wir uns ganz entspannt unserem normalem Liebesleben und der fleischlichen Lust hingaben, so sah es doch innerhalb der Mauern unserer Besamungsstation anders aus. Doch auch wir waren gewarnt. Medien aller Art, Freunde, Bekannte, Klugscheisser und solche die ich hier nicht nennen möchte wiederholen zu diesem Thema ja immer gebetsmühlenartig folgendes Motto: „Man darf es nicht zu sehr wollen. Denn klappt es nicht. Man muss es einfach passieren lassen und darf nicht drauf warten oder hinarbeiten" Gut, zugegeben ich habe die ganze Soße zusammengefasst. Aber es gibt dabei die ein oder andere Diskrepanz zwischen dieser Soße und der Realität. Den Medien kann man es kaum verübeln. Sind sie doch bei bestimmten Themen wie die Leute, die Bedienungsanleitungen schreiben. Ich würde sofort die eventuellen, aber nicht sehr wahrscheinlichen Einnahmen dieses Buches darauf verwetten, dass die Hälfte der Leute die Anleitungen verfassen, noch nie selber versucht haben, das aufzubauen, was sie uns unterjubeln wollen. Deswegen wage ich zu bezweifeln, dass diese Geduldsparolen auf eigenen fundierten Erfahrungswerten basieren. Und auch Freunde die uns diese Art von Tipps als neu und wertvoll verkaufen wollten, haben wir dann in Gesprächen ab 1,0 Promille entlockt, dass es auch bei ihnen von Zeit zu Zeit emotional wie bei einer Samenspende zuging. Es liegt wohl in der Natur des Menschen, dass er sich immer lieber den Problemen anderer annimmt, als sich auf die eigenen zu erinnern oder zu besinnen.

Ich (wir) haben nun also 4 Monate „gearbeitet". Unnötig zu erwähnen, dass sich meine Frau nach jeder 2. Schicht (jedem 2. Akt) einen Schwangerschaftstest gekauft hat, nur um mir diesen dann voll mit Urin so enttäuscht hin zu halten, dass man ihrem Blick locker den Vorwurf „Wat machen deine Jungs da unten eigentlich...oder fahre bitte kein Fahrrad mehr" hätte entnehmen können. Dann kam wieder mal einer dieser Tage, nachdem wir die Ehe in der Nacht davor auf Fleischlicher Ebene vollzogen haben. Ich ging zu Arbeit. Sie ging zur Arbeit. Der feine Unterschied war, dass sie mich das erste mal seit 2 Jahren bei der Arbeit anrief um mich zu fragen wann ich denn „genau" zu hause sei. Diese Art von Fürsorge war mir bis dato relativ unbekannt. Die Überraschung reichte allerdings nicht aus um mich für dieses eine Thema zu sensibilisieren. Naiv wie ich war machte ich mir den Rest des Tages keinerlei Gedanken darum was mich erwarten könnte. Nur auf dem Weg nach Hause trieben meine Phantasien seltsame und, im Nachhinein betrachtet, völlig utopische Blüten. Vom Empfang in Dessous, bis hin zu Supersonderspezialsex mit mehr als den üblichen 2 Stellungen. Doch wie sich herausstellte wartete sie an diesem Abend aus einem völlig anderen und wesentlich wichtigerem Grund vor der Haustür auf mich. Als ich sie sah war alles klar. Sie grinste so breit, wie sie es nur bei Ihrem Letzten ECHTEN Orgasmus getan hatte und trug wieder einmal dieses kleine Plastikteil so in der Hand als würde sie es auf einer Sänfte spazieren führen. Dann kam dieser Moment. Ja dieser eine Moment in dem man sich nach außen hin so bedingungslos Freuen muss um keine schwerwiegende Ehekrise herauf zu beschwören. Aber es war auch dieser Moment in dem in mir so viele Emotionen aufkeimten, dass mir fast schlecht wurde. Ich zähle sie mal auf: Euphorie...Wow, ich bekomme ein kleines „Ich"... Überraschung: Ich dachte wirklich, dass ich nach meinem Lebenswandel und meiner Schüttelfrequenz keine bewegungsfähigen, geschweige denn, durchsetzungsfähigen, Spermien mehr habe... Angst: Tja, die kennt wohl jeder der erfährt das er Vater wird. Die

Angst dass nun das wahre echte Leben vorbei ist. Die Angst in den nächsten Jahren in einer Art Emotionalem und Gesellschaftlichen Gefängnis zu leben. Ach ja...dann war da noch die Hoffnung. Das Hoffen darauf, das dieser Schwangerschaftstest entweder ein sog. „Montagsmodell" ist, oder die Tests dieser Firma in einer dieser Plagiats-Fabriken in Asien hergestellt wurden und dies nur eine schlechte, nicht funktionstüchtige Kopie ist. Somit konzentrierte sich meine ganze Aufmerksamkeit auf den Frauenarzt meiner Liebsten. Freund oder Feind, Süd- oder Nordstaaten, Held oder Schurke, Party oder Windel. Ich sitze also nun im Wagen und bin dabei MEINEN Bügel zu schliessen.

Die Nächsten 13 Tage waren Himmel und Hölle zugleich. Der Himmel wegen der eben genannten Hoffnung auf Schlamperei in der Fabrik. Die Hölle wegen der Unwissenheit und einer so unausgeglichenen Frau an meiner Seite, dass beinahe mein mir angeborener Fluchtinstinkt eingesetzt hätte. Die lange Zeit kam durch Terminengpässe beim Arzt zustande. Schon dafür hätte ich ihm am liebsten die Augen ausgekratzt und in den Schädel gepisst. Doch der Tag kam. Es war ein Montag. Der Himmel war leicht Wolken-verhangen,die Temperatur schwankte zwischen....Bla bla bla. Ich saß wie auf einem Pulverfass zu hause und wartete auf meine Frau. Aus beruflichen Gründen kam für sie immer nur ein Termin im späten Nachmittagsbereich in Frage, so dass ich weder mitkommen konnte, noch die Chance hatte es zu erfahren bevor ich den Heimweg antrete. Was mir auch die Möglichkeit nahm, die Abfahrt Richtung Flughafen zu nehmen. So fristete ich qualvolle Minuten in denen mir so einiges durch den Kopf ging. Was genau würde ich jetzt zu gerne schreiben. Leider weiß ich es nicht mehr und muss diese Gedanken eurer Phantasie oder euren eigenen Erfahrungen überlassen. Es würde mich übrigens Freuen, wenn mir Leidensgenossen ihre Gedanken per E-Mail senden würden. Zurück zum Thema. Ich hörte den Schlüssel wie in Zeitlupe sich in das Schloss hinein fressen, als wären es Termiten die es auf ein großes leckeres Stück Holz abgesehen hätten. Die Tür war noch nicht auf, da stand ich schon ca. 10cm vor meiner Frau und sah in ein Gesicht dass mir alles wortlos mitteilte. Ich nahm sie schnell und fest in dem Arm und wir hielten und gefühlte 2 Stunden einfach nur fest. Es waren reell zwar nur Minuten aber es war definitiv einer der Schönsten Momente meines bisherigen Lebens. Alle negativen Gedanken, alle Ängste, alle Fluchtgedanken waren erst mal weg und mein Körper schien das gleiche Hormon aus zu schütten, das er auch schon damals benutzt hat um mich mit meiner ersten großen Liebe in einen 30 minütigen Zungenkuß zu verwickeln ohne an den Hausarrest zu denken der mir bei Verspätung drohte. Kurz gesagt: Ich fühlte mich wie frisch verliebt. Das war geil. An diesem Abend hatten wir den besten Sex seit langem. Alleine schon weil wir nicht mehr arbeiteten. Doch schon am nächsten Morgen begann eine Art Katerstimmung. Denn trotz der großen Freude und Euphorie fing schon jetzt die Planung an. Finanziell, Wohnraum, Arbeits und Elternzeit. Gewitzte eingeweihte werden jetzt denken, dass das alles ja noch viel zu früh ist. Aber machen wir uns nichts vor. Diese Art von Gedanken lassen sich einfach nicht unterdrücken. Und somit schloss sich mein Bügel und veriegelte mit einem Lauten Knack.

Kapitel 4
Big MAMA.....
Das warten auf die Schussfahrt.

Die ersten warnenden Wort meiner Frau habe ich natürlich ignoriert. Die Worte waren : „Bitte erzähle es noch nicht herum, es kann noch einiges passieren." Soviel dazu...grins. Innerhalb von Stunden wussten es meine besten Freunde. Aber mal ehrlich. Da wird man Papa, hat die Zigarren schon gekauft und platzt gerade zu vor Stolz. Diesen Punkt finde ich übrigens am lustigsten. Schauen wir uns mal die Leidens bzw. Arbeitsverteilung während einer Schwangerschaft und vor allem während der Geburt an, so grenzt es schon fast an morbider Comedy, dass wir Männer diesen Ausspruch „Stolzer Papa" so ernst nehmen. Gemessen an unserem Beitrag zu dieser Situation und unserer doch recht kleinen Nebenrolle bei allem was damit zu tun hat, sollten wir ganz ganz kleine Brötchen backen. Stattdessen sitzen wir mit Freunden zusammen und klopfen uns in Gedanken auf die Schulter weil wir so tolle Typen sind. Ich vermute mal vorsichtig, dass unsere geschwollene Brust in Sekunden einfallen würde, wenn wir daran denken müssten, das wir bald Tag und Nacht einen, sich bewegenden und um sich tretenden, Medizinball mit uns herum schleppen müssen. Auch mit den, durch den fiesen Hormoncocktail hervorgerufenen, Wechsel von Depression zu Lust auf Sex zu Essen, zu Depression...usw. Würden wir nicht ansatzweise so gut zurecht kommen. Was mir persönlich und bestimmt auch vielen anderen Männern die „Fat Lady" im Hals stecken lassen würde, ist die Tatsache, das man bald etwas in der Größe einer Melone aus einer Öffnung mit der Größe einer Zitrone heraus pressen muss. Davon das man dabei seinen Darm und seine Blase vor völlig Fremden entleert und das eigene Geschlechtsorgan mit großer Wahrscheinlichkeit einreißen wird mal ganz abgesehen. Alles in allem würden wir Männer wohl comic-artig die Beine in die Hand nehmen und wie Forrest Gump nicht mehr aufhören zu laufen.

Die ersten trächtigen Wochen meiner Frau verliefen derart unauffällig, dass es kaum prägnante Punkte zu erzählen gibt. Da das Geschlecht noch nicht feststand philosophierten wir weiter über die bereits getroffene Namensauswahl. Das ging soweit, dass wir immer wieder: „Mia.....Luca....mmhh, Mia....Luca" usw. vor uns hin murmelten um den Klang in Verbindung mit unserem Nachnamen zu überprüfen. Irgendwann kamen dann auch wir, wie wohl die meisten, an den Punkt an dem die Diskussion darüber entbrannte, ob wir vorher wissen wollen, welche Farbe wohl der erste Schnuller haben wird. X oder Y, Ticktac oder nicht. Ich kenne zwar nicht die dazu passenden Statistiken, aber ich vermute mal vorsichtig, dass die meisten Männer wissen wollen, ob die Frucht ihrer Lenden zum 18ten ein Bier oder Prosecco trinken werden. Meine Frau hingegen war natürlich komplett anderer Meinung. Und seien wir mal ehrlich. Sie und Ihrer Frauenärztin waren nun mal ein Team, dass eindeutig am längeren Hebel saß. Ich hatte nun also 2 Möglichkeiten. Extremes Süßholzraspeln oder Verhandeln. Ersteres hätte bedeutet, dass ich wie bei einem Jump & Run Spiel Punkte hätte sammeln müssen. Abwaschen, Wäsche aufhängen und Aufräumen geben bei diesem System so wenig Punkte, dass ich gleich auf den Wurf hätte warten können. Die Richtigen Punkte gab es für Dinge zu denen keinen Mann dieser Erde gezwungen werden sollte. Ich entschied mich also für Variante 2. Verhandeln. Ja, ich weiß. Um verhandeln zu können, braucht man etwas, was der andere haben will. Ich hätte diesen Punkt nicht in Betracht gezogen, wenn ich nicht das sprichwörtliche Ass im Ärmel gehabt hätte. Mein Ass war der Wunsch meiner Frau, zusätzlich zu den normalen Ultraschallbildern, auch noch sog. 3D Bilder machen zu lassen. Laien sei gesagt, dass diese Bilder nichts mit dem 3D zu tun hat, bei dem man sich eine Brille aufsetzt um zu sehen wie das noch nicht fertige Lebewesen einem quasi entgegen springt. Es bedeutet nur, dass man ein Bild in Farbe bekommt, bei dem auch die perspektivischen Konturen des/der Kleinen zu sehen ist. Der Vorteil für eine Verhandlungsposition war, dass ihre Krankenversicherung diese Bilder nicht übernahm, was bedeutete dass ihr Wunsch mit einem Griff in unsere gemeinsame Haushaltskasse verbunden war. Und hier war mein Hebel. Wir hatten ab unserer Eheschließung beschlossen, dass alle besonderen Ausgaben, die nichts mit dem normalen Leben zu tun haben, von uns beiden abgesegnet werden müssen. Ich wette meine Frau hatte wohl nie damit gerechnet, dass diese Vereinbarung mal gegen sie verwendet werden könnte. Ich habe ihr also in einem passenden Moment folgenden Deal vorgeschlagen: Ich gebe mein Ok zu den Bildern, wenn du mir das Geschlecht verrätst sobald es zu sehen ist. Das saß. Nach einigen Tage Bedenkzeit schlug sie ein. Die Wagen wurde nun von der ratternden Kette erfaßt und wird langsam steil nach oben gezogen. Noch fühl ich mich gut.

Ich weiss nicht wie oft das schon behauptet wurde, aber ich glaube, dass meine Frau die perfekte Schwangere war. Kein Kotzen, kein Heißhunger auf sehr bedenklich anmutende Kombinationen aus süß und salzig, keine Hormonschwankungen die Amokläufe aufgrund einer offenen Zahnpastatube ausgelöst hätten und, dank einer kleinen Schwangerschaftsdiabetes, keine Situation in der ich Angst haben musste, dass ich, wenn sie unsere Bett besteigt unweigerlich in ihre Umlaufbahn gezogen werde.

Kurz gesagt, außer dass sie bis zur Geburt gerade mal 8 Kilo zunahm, was ihr bei unserer Ernährung aber auch so hätte passieren können, zeigte sich die Schwangerschaft nur auf dem Papier der Frauenärztin und in unseren Köpfen. Entgegen meiner Erwartung verlief der Moment der Geschlechtserkennung relativ unspektakulär. Kurz: LUCA. Ein Kerl, ein Typ, ein zukünftiger Herzensbrecher,....usw. Nun hatte das Grauen also einen Namen und meine Frau konnte loslegen und dafür sorgen dass das Kinderzimmer farblich so gestaltet wird, dass sein weg nicht schon von uns als Frisör vorgezeichnet wird. Ich konnte nun die entsprechenden Freunde aktivieren, die ich bereits für diesen Fall auserkoren hatte, meinem zukünftigen Sohn den nötigen Schliff in den versch. Bereichen auszubilden. Doch dazu später mehr. Denn ich hatte zu der Zeit andere Probleme. Ich nährte mich dem Gipfel. Die Bügel fingen langsam an zu drücken und ein Aussteigen war nun nicht mehr möglich. Inzwischen hatten wir vom Erzengel Frauenarzt erfahren, dass der kleine biblische Ausmaße anzunehmen schien und meine Frau sich auf ein echten Brummer gefasst machen sollte. Als Motivationstrainerin hatte sie glatt versagt. Selbst ich wurde nun langsam nervös. Geht alles glatt, wird es ein Mensch, wird er gesund sein und, aus Spaß um meine Frau zu ärgern, wird er sich beim Anblick seiner Eltern evtl. sofort wieder im Uterus verkriechen. Der Termin wurde uns für ende Oktober prognostiziert. Mein bis dato unerschütterliches Vertrauen in den Berufsstand der Mediziner wurde dann aber für immer erschüttert. In diesem Fall sorgte eine falsche Prognose dafür, dass ich bei der Geburt meines Sohnes nicht dabei sein konnte. Problem war zu der Zeit mein Job und.... die Medizin. Wir schrieben das Jahr 2011. An einem milden Herbstmorgen am 11 Oktober weckte mich meine Frau wegen ungewöhnlicher Unterleibsschmerzen. Mein Job zu der zeit bestand darin, täglich ab 14 Uhr nach Neuss (NRW) zu fahren um dann gegen 21 Uhr wieder zurück nach Hamburg zu fahren. Da es sich dabei um wichtige Terminware handelte, war das Zeitfenster einen Ersatz zu finden extrem kurz. Zurück zu dem folgenschweren Morgen. Da Unterleibsschmerzen während einer Schwangerschaft an sich nichts ungewöhnliches ist, führte uns der erste Weg dann zur Frauenärztin unseres Vertrauens. Normale Senkwehen war die Diagnose, gepaart mit einem Blick der zu sagen schien: „Was wollt ihr hier?? Keine Panik" Dank dieser Aussage waren wir also weiterhin auf DEFCON 5. Der Termin ist noch 2 Wochen hin und die Halbgöttin in weiß gab Entwarnung. Ich brauchte also keinen Ersatz für meine Tour zu finden und konnte mich seelisch auf einen normalen Arbeitstag einrichten. Gegen 11 Uhr gesellten sich zu den Schmerzen allerdings noch Blutungen dazu. DEFCON 4. Erhöhte Alarmbereitschaft. Da auch das Vertrauen meiner Frau in ihre Ärztin so langsam an Substanz verlor, entschlossen wir uns mal im Krankenhaus vorbei zu schauen. Da ich auch so langsam zu meiner schlecht bezahlten ABM musste, fuhr ich meine Frau ins KH und hatte noch genug Zeit um auch von dort eine Entwarnung mit zu bekommen. Meine trächtige Frau allerdings musst zur Beobachtung allerdings noch da bleiben, so dass ich beruhigt zur Arbeit fahren, und meine Frau in halbwegs fähigen Händen lassen konnte. Die wiederum beorderte sofort ihre, durch 2 Kinder, erfahrene Schwester zu sich um für jeden Fall gerüstet zu sein. Das Problem war, dass ich zu dieser Zeit, selbst bei DEFCON 1*, meine Tour nicht mehr hätte absagen können. Ich fuhr gerade auf der A1 Richtung Bremen als mein Handy klingelte. Man braucht als Leser dieses Buches nicht Hannussen zu sein um zu wissen dass dies meine Frau war. Ihre Worte waren kurz und knapp. Für mich bedeuteten diese Worte allerdings eine traurige Gewissheit, dich ich bis heute bereue. „Das Kind kommt heute" Ich war zum Glück kurz vor einer Raststätte, so dass ich anhalten konnte. Der auf mich einrieselnde Emotionscocktail machte das Führen eines Fahrzeuges in dem Moment unmöglich. Natürlich freute ich mich, dass unser Sohn nun endlich das herrliche Grau des Hamburger Himmels erblickt. Aber ich wusste auch, dass ich dies nicht miterleben konnte. Ich konnte mich definitiv nur meinem Schicksal fügen. Ich weinte also nun aus 2 Gründen am Telefon, was ich das letzte mal tat, als ich erfuhr das mein Lieblingsdarsteller aus meiner Lieblingsserie aussteigen will. Dass ein Unglück selten allein kommt, wurde mir auf schmerzliche Weise bewußt als ich auf die Akkuanzeige meines Handy`s schaute. 10% Meiner Erfahrung nach reichte dies nicht mal bis zu meinem Zielort. An jedem anderen Tag wäre mir das völlig Blase gewesen. Nur an diesem Tag bedeutete es nicht nur dass ich bei der Geburt meiner Brut nicht dabei bin, sondern auch, dass ich nicht einmal erfahre, wenn es soweit ist, nicht die ersten Schreie mitbekomme, nicht weiß ob es allen Beteiligten gut geht. Um weitere Kalenderweisheiten zu strapazieren, kam für mich folgende um die Ecke. Glück im Unglück. Mein Glück war, dass mich mit den Eingeborenen meines Zielortes angefreundet hatte. Vor allem mit einer (weiblichen) Person. Von dieser lernte ich nun ein Lektion in Freundschaft. Dazu muss ich sagen, dass ich mit ihr bisher max. 50 Worte gewechselt habe und sie erst seid ca. 3 Monaten kannte. In meiner Verzweiflung wollte ich nun irgendjemand mein Leid klagen. Ich tippte nun also (verbotener Weise) während der Fahrt die Fakten in mein Smartphone und bekam eine überraschende und für mich fast lebensrettende Antwort. Das Stichwort hieß „Simkartentausch" Vorher schrieb sie mir noch derart ehrlich Ihr Beileid über meine Situation aus, dass man hätte glauben können, wir würden uns seit Jahren kennen. Als ich ankam, folgte also sofort die eben genannte Transaktion. Damit war zumindest die Kontaktaufnahme gesichert. Unnötig zu erwähnen, dass ich meine Arbeit nur Roboterhaft erledigte ohne auch nur einen Gedanken daran zu verschwenden, was ich da wirklich tat. Mein Chef würde nun mit der nötigen Portion Ironie einwerfen, dass er mich nie anders arbeiten sieht. Ohne auf diese Art von unzulässiger Verallgemeinerung zu kommentieren, kann ich sagen, dass es dieses mal anders war. Ich schaute innerhalb von 5 min. gefühlte 50 mal auf's Handy obwohl der Klingelton auf Max eingestellt und die Vibration angeschaltet war. Inzwischen hatte sich die Nachricht meines zukünftigen Partytodes wie ein Lauffeuer im Lager verbreitet, so dass fast jeder den Atem anhielt und seine Arbeit unterbrach, sobald ich zu meinem Handy griff. Trotzdem ich das, wie oben beschrieben ja sehr inflationär tat, nahm das Interesse nicht ab. Ich hingegen nährte mich dem Gipfel. Der Moment in dem man die Schiene nicht mehr, dafür aber den Himmel umso besser sehen kann.

19:07 Uhr. Das Handy klingelte, ich ging ran und für ein paar Sekunden stand die Arbeit in diesem Lager so still, wie es wohl sonst nur bei Massenhypnose der Fall gewesen wäre. Bei mir schaltete sich für kurze Zeit der Verstand komplett aus und meine Emotionen übernahmen das Ruder. Am anderen ende der Mobilfunkleitung hörte ich 2 Stimmen. Die meiner erschöpften Frau die vor Glück fast weinte und die meines Sohnes, bei dem ich nur vermuten kann, warum er weinte. Schenkt man dem Film „Guck mal wer da spricht" glauben, dann weil ihm zu kalt ist und er das fies verschwitzte Gesicht seiner Mutter an diesem Punkt seines Lebens nicht wirklich als Attraktiv empfindet. Egal... meine Emotionen rannten über mich hinweg, wie eine Horde Heuschrecken über ein saftig grünes Feld. Ich weinte, hatte Gänsehaut und lachte gleichzeitig. Ich spürte aber auch die unnatürliche Ruhe in meiner Umgebung und durchbrach diese mit einem Rocky I gleichen Ausruf. Er ist da, ich bin Papa. Die obligatorische Faust nach oben war auch dabei. Die Reaktion war Phänomenal. Ca. 50 – 60 Leute applaudierten. Ich fasse also zusammen und frage gleichzeitig, welcher echte Mann in so einem Moment cool bleiben kann. Meine Frau am Telefon, mein Sohn im Hintergrund, eine Horde Lagerarbeiter die sich mit einem Freuen als würde es eine kollektive Gehaltserhöhung geben. Ich musste mich setzten und fragte mit verheulter Stimme ob mit ihm alles OK sei. Die Antwort setzte weitere Glückshormone frei, die mich innerlich schweben ließen. „Alles in Ordnung" Ich verdrückte mich sofort in meinen Lieferwagen, um meiner frisch ausgenommenen Frau eine Menge Fragen zu stellen, für deren Beantwortung sie eh nicht die Puste hatte. Für die wichtigste nach der o.g. war aber zum Glück genug Atemvolumen vorhanden. Kurz gesagt: Ihr ging es auch gut und alles ist planmäßig verlaufen. Geil, geil, geil dachte ich in einem Moment. Was mache ich hier in NRW während in SH ein kleines „Ich" auf mich wartet, dachte ich in dem Moment danach. Zum Glück war meine Frau so clever den hiesigen Ärzten ein Zugeständnis punkto Besuchszeit zu entlocken. Da ich erst ca. gegen 3:00 Uhr nachts wieder heimischen Gefilden sein konnte, bekam ich Besuchsrecht für die ganze Nacht. Ich fuhr in dieser Nacht ein wenig schneller, glücklicher und zielstrebiger gen Heimat. Ich war auf der Schussfahrt. Die Eingeweide verursachten ein leichtes Kribbeln und ich wusste nicht, wohin mich die Streckenführung bringen würde.

Ein großes Wunder ganz klein...
...die Fahrt ins Ungewisse!!

Mein Herz pochte mehr als bei der Kinopremiere zu Star-Wars Episode 1 und ich war aufgeregter als vor meinem ersten Coitus. Ich klopfte so leise und verhalten an die schwere große Tür des Zimmers, dass meine Frau, die wie ich später erfuhr leicht döste, es nicht hörte. Da ich nicht wusste ob ich jemand anderes in diesem Zimmer stören könnte, verharrte ich ganz leise und klein wie vor der Tür des Schuldirektors in der Hoffnung nicht unangenehm aufzufallen. Nach 2 echt peinlichen Minuten, traute ich mich ein weiteres mal zu etwas lauter zu klopfen. Dann dachte ich nach. Selbst wenn meine Süsse mich hört, wird sie wohl kaum laut herein rufen, wenn man bedenkt, welch kostbares Gut sie gerade an sich drückt. Ich ging einfach hinein und der Anblick war atemberaubend. Meine Frau, gezeichnet und schön zugleich als wäre nix gewesen. Der kleine Luca so nah und so fest an sie gedrückt, als würden sie am Herzen zusammengewachsen sein. Die Augen zu, der kleine Mund zu einer Schnute geformt und die Minifinger zur kleinsten Faust der Welt. Das große Wunder so klein, dass ich sogar beim ersten zarten Kuss auf die Wange Angst hatte, was kaputt zu machen. Es lässt sich unmöglich beschreiben, welches Gefühl in einem entsteht, wenn man sein erstes Kind das erste mal berührt. Wer immer es schon erlebt hat, wird es wissen, allen anderen wünsche ich die gleichen Gefühle. Um es plump zu erklären, würde ich sagen, es ist wie Im Lotto zu gewinnen, die Geilste und schönste Frau im Bett, der leckerste Drink am Gaumen und Frau Merkel direkt vor einem mit der Erlaubnis ihr eins in die Fresse zu hauen und das alles gleichzeitig. All dies beschreibt es nicht mal annähernd. Ich blieb nicht lange, denn ich merkte meiner Frau an, dass sie fertiger war als ich nach mehr als einer halben Stunde Sex. Leider hatte ich kein Urlaub bekommen, so dass ich am nächsten Tag nur Vormittags zu ihr konnte. Das reichte allerdings schon um mich in eine art Trance Zustand zu versetzten. Ich nahm den kleinen das erste mal auf den Arm und er blickte mir das erste mal ins Gesicht. In diesem Moment wusste ich, das er von mir sein muss, denn weder erschreckte er sich , noch hatte ich das Gefühl als hätte er die Flucht ergriffen, wenn er gekonnt hätte.

Ich muss zugeben, dass ich in allen Bereichen etwas weicher geraten bin, als viele andere. Ich schaue mir mind. 1 mal im Jahr Titanic und Stadt der Engel an um dabei so zu flennen, das ich danach dehydriert bin. Ich schaue kein Fussball und ich liebe Musicals. Nein, ich bin nicht Schwul und Luca ist kein Alibikind. Das sich meine emotionale Fragilität auch auf meinen Beschützerinstinkt abfärben würde, wurde mir klar als ich dabei zusah wie eine Krankenschwester mein kleines „Ich" das erste mal badete. Die erste Berührung mit dem, nach meiner Fachlich fundierten Meinung, viel zu kalten Wasser ließ meinen Sohn so bitterlich schreien, dass ich so wütend auf die Schwester und so besorgt um meine Sohn wurde dass ich sofort anfing zu heulen und mich meine Frau des Zimmers verwies. Als es vorbei und mein Platzverweis wieder aufgehoben war, bemerkte ich sofort die leicht amüsierten Gesichtszüge aller Beteiligten. Es war mir egal. Meine Frau nahm mich in den Arm und sagt: „Du bist süss"

Dann kam der kleine Wurm, der so gnadenlos den Rest unseres Lebens bestimmen wird, frei. Und das nicht wegen guter Führung. Das erste Gefühl, dass in mir aufkam, war absolute Hilflosigkeit. Hatte ich doch bis dato immer noch ab und an Probleme für mich selber die Verantwortung zu übernehmen, so lag nun eine Ansammlung von Sabber, Pippi und genug Lungenvolumen um gegen die Anlage einer Großraumdisco anzustinken, verpackt in einer Miniausgabe von mir und meiner Frau, auf unserer Couch. Es war ein einziges auf und ab. Freude wenn er Lächelte, Angst etwas falsch zu machen wenn er weinte und die Gewissheit das alles in Ordnung war, wenn er schlief. Die Schussfahrt war überstanden. Die ersten Kurven und keine Ahnung wie es weitergeht.

Beginn der Elternzeit...

Die ersten 4 Monate bekam ich in der Woche meinen kleinen lediglich vormittags zwischen 10 und 13 Uhr zu Gesicht. Das war reell gesehen auch genau die Zeit in der ich zuhause war. Obwohl ich jede Minute genoss, brach mir genau diese Situation sehr oft das Herz. Immer wenn ich wieder zur Arbeit musste, war ich in Gedanken immer bei dem kleinen und meiner Frau. Und so fieberte ich meiner Zeit entgegen. Meiner Chance zu beweisen, dass echte Männer auch zu Müttern werden können und rote Ampeln auch mal grün werden nichts ahnend dass ich keinen Schimmer hatte, wie sehr ich mir irgendwann die Arbeit zurück wünschen würde.

Der erste Tag. Konnte ich den kleinen bisher immer meiner Frau in die Hand drücken, sobald er mal kein

Musterkind war, verließ an diesem Tag mein Fels, mein doppelter Boden just um 7 Uhr die Wohnung. Luca lag leicht kichernd im Stillkissen, ich stand völlig verstört und schon nach den ersten Sekunden überfordert in der Stube und schaute mir mein kleines „Ich" an. Ich hoffte er würde den ganzen Tag dort liegen bleiben und mich genau so anschauen um meiner Frau abends sagen zu können: „was hast du eigentlich, ist doch ganz einfach". Wir alle wissen, wie utopisch dieser Gedanke war. Schon nach 5 Minuten musste ich feststellen, dass kleine Säuglinge schlimmeren Stimmungsschwankungen unterliegen als eine schwer depressive, menstruationsgebeutelte Frau in den Wechseljahren. Plötzlich fing der an zu weinen. Nun tauchten, zumindest für mich, das erste mal die Fragen die das Leben junger Eltern fast zu Verzweiflung treiben auf. Hunger, Müde, Liebesbedarf oder ein völlig anderes Wehwechen. Leider hatten wir einen Wurm dessen Verdauung ungefähr so gut funktionierte wie das Aufbauen eines IKEA Möbelstücks nach Anleitung, so dass ich fiese Bauchschmerzen immer in diese Überlegungen mit einflechten musste. Ich lag am Anfang natürlich grundsätzlich falsch. Dabei musste ich lautstark lernen, was für eine kurzfristige Tragödie es nach sich zieht, wenn man versucht seinem Kind etwas zu essen zu geben obwohl es müde ist. Andersrum ist es auch nicht viel besser. Denn ein hungriges Kind zum Schlafen zu bringen gleicht einer Todsünde und wird mit Gebrüll al a „Böhse Onkelz" bestraft. Nun begann also mein Lernprozess und ich lernte langsam. Das Problem ist, dass sich in meinen Ohren jede Art von Gebrüll Haargenau gleich anhörte.

Um zum ersten Tag zurück zu kehren. Nachdem ich also vergeblich versuchte dem kleinen eine Milch einzuflößen und er mir unmissverständlich klar machte, dass dies nicht das Richtige war, nahm ich ihn hoch auf meinen Arm und ging mit ihm durch die Wohnung. Siehe da...Ruhe und Stille kehrten ein. Wäre dies ein schlechter Film gewesen, hätte sich ein großer Ball aus totem Geäst wie man ihn aus alten Westernstädten kennt, den weg durch unsere Räume gebahnt. Bitte glaubt mir, ich wäre am liebsten 8 Stunden mit ihm durch die Wohnung gegangen, solange ich das Gefühl dabei habe, das er zufrieden und vor allem ruhig ist. Aber auch ich habe in den voran gegangenen Monaten gelernt, dass so ein kleiner Wurm durchaus noch andere Bedürfnisse hat, als das schunkeln auf Papa`s Schulter. Nach ca. 30 min auf und ab gehen schaltete dann irgendein fieser Gremlin den Stummschalter wieder aus und es ging wieder los. Zwar wusste ich in diesem Moment genau was ihm fehlte, aber es machte die Sache nicht wirklich erfreulich. Schon öfter mussten meine Frau und ich miterleben, wie unser frisch geborener Casanova das Wort „AUA" schon kannte um uns mitzuteilen, dass er böse Bauchschmerzen hat. Ich tat nun also, was mir beigebracht wurde. (Achtung: Es folgt ein kleiner Wickelkurs mit Extras). Man lege den kleinen sanft auf den Wickeltisch und entledige ihn aller Kleidungsstücke die zwischen der eigenen Hand und der Windel sind. In meinem Fall war dies ein Strampler....oder ein Schlafanzug...wie auch immer. Die Windel ist erreicht und der auch der Moment in dem man einerseits hofft, dass man nur auf ein wenig Pippi stößt, anderseits hofft man bei einem Kind mit Verdauungsproblemen logischerweise auf den lang ersehnten braunen Segen. Ich glaube ich war vorher noch nie derart zwiegespalten. Denn es gab noch eine „unbequeme Wahrheit" außer die von Clinton. Kleine Kinder stinken schlimmer als die Eltern. Ist man also bei der Windel angekommen, sollte man folgende Dinge unbedingt per sofort bereithalten: 1. Die neue Windel 2. div. Feuchttücher 3. Ein Tuch (Erklärung folgt) und 4. Puder oder Creme. Erklärung: Die neue Windel sollte immer griffbereit sein, um die Zeit zu verkürzen in der die Wickelauflage und man selber dem Genitalbereich des Lütten schutzlos ausgeliefert ist. Feuchttücher um schnellstmöglich eventuelle Ausscheidungen zu entfernen ohne lange danach greifen oder suchen zu müssen. Das Tuch sollte man in den kurzen aber sehr gefährlichen Momenten vor das kleine „Tick-Tack" halten um „DEM STRAHL" keine Chance zu geben zu agieren. Das hier keine Zweifel aufkommen. Niemand lässt sich gerne anpissen. Weder sinnbildlich noch Real. In den ersten Monaten allerdings senkte sich meine Hemmschwelle zu diesem Thema wie eine Limbostange bei 2.0 Promille. Mit den eben genannten Utensilien und dem richtigen Timing kann man das Risiko zumindest minimieren. Ich öffnete also die Büchse der Pandorra und sah (leider) nix. In meinem Fall bedeutete das, dass ich meinem Sohn eine Art Mini-Einlauf verpassen muss. Für mich war dies eine Qual und Bewährungsprobe zugleich. Bisher habe ich solche Eingriffe in den Anal Bereich unserer Brut immer Ihr überlassen. Aus gutem Grund, wie sich später herausstellen sollte. Wie in Zeitlupe griff ich zu dieser Art Tube mit dieser speziellen Öffnung. Jede Mutter die dies liest, wird wissen was ich meine und sich fragen, was das Problem dabei ist. Mein Problem ist, dass ich emotional einem Einhorn gleiche und schlicht zu weich bin um so etwas einfach meinem Spross in den Arsch zu drücken. Doch nun musste ich,denn mein Sohn lag auf dem Wickeltisch, krümmte sich und benutzte wieder das böse Wort „AUA" so intensiv, dass mir fast die Tränen kamen. Nun hieß es drücken. Wie bei einem Zäpfchen sollte man schnellstmöglich die Öffnung verschließen. Meine Taktik war das Zusammendrücken der kleinen süßen Bäckchen. Laut Kinderarzt dauert es dann ca. 15 min bis die erwünschte aber auch nicht sehr leckere Wirkung eintritt. Also hieß es Windel wieder an und warten. Dass dies an meinem ersten Tag nötig ist, hatte ich befürchtet. Hätte meine Frau neben mir gestanden und mich beobachtet, hätte sie sich mit an Sicherheit grenzender Wahrscheinlichkeit vor Lachen gekrümmt. Denn ich ich brauchte für die gesamte Tortour ne glatte halbe Stunde. Bei ihr wäre es in 5 min durch gewesen. So ging es mir aber mit fast allen Sachen die mit Luca zu tun hatten. Auch hier gilt der Satz Übung macht den Meister. Und meine Frau hatte nun mal 5 Monate Vorsprung. Das gute ist, dass dies den Sportsgeist in einem Weckt. So setzte ich mir selbst immer wieder das Ziel meine Frau bei dieser Art von Handgriffen einzuholen. Das ging soweit, dass ich irgendwann anfing meine Zeiten zu stoppen. Dadurch kam es von Zeit zu Zeit zu echt abenteuerlichen Ergebnissen. Dazu später mehr.

Es waren nun ca. 20 min vergangen. In dieser Zeit lief ich weitere Furchen in unser Laminat. Dann hatte ich ein Erlebnis, dass man sonst nur in einem kleinen geschlossenen Raum erlebt in dem sich jemand ohne Manieren, aber dafür mit einer Menge Methan im Verdauungstrakt befindet. Ich vergleiche es mal mit einem Fahrstuhl. Denn da kann man nicht flüchten. Da ich den Übeltäter auf dem Arm trug, war flüchten für mich ebenfalls unmöglich. Durch meine Hand auf seiner Windel, wurde mein Tastsinn ebenfalls mit einbezogen. Es fühlte sich lustig an, roch aber fürchterlich. Nun kam der Teil für den die meisten Männer ein riesige Portion Überwindung brauchen. Abgesehen von denen die sich strikt weigern, sich den Exkrementen seines Kindes zu nähren. Für mich war es, aufgrund meiner Vorbildung, das kleinste Problem. 6 Monate lang habe ich die mobilen Toiletteneinheiten gereinigt, die Ihr als „Dixi" kennt. Im Gegensatz dazu duftete mein Sohn recht lieblich. Dem kleinen war die Erleichterung nicht nur in Gesicht geschrieben, er seufzte auch so zufrieden, als hätte er sich einer Gehwegplatte entledigt. Wie bei jedem anderen großen Geschäft folgte nun wischen, cremen, pudern und wieder einpacken...bis zum nächsten mal. Und das ist erfahrungsgemäß nicht weit. Meine innere Uhr gaukelte mir vor, ich hätte schon die Hälfte des Tages geschafft, so dass ich hoffnungsvoll auf unsere Wanduhr blickte, nur um festzustellen, dass gerade mal ne gute Stunde vergangen ist. Obwohl die wieder die ersehnte Ruhe eingetreten war, fühlte ich mich als würde ich auf einem Schlauchboot auf dem Meer. Einfach ein wenig hilflos. Leider hatte ich ja bisher keine Zeit, die Art von sozialen Kontakten zu gleichgesinnten aufzubauen, mit denen man mal spazieren geht, sich zu einer selbst organisierten Krabbelgruppe trifft oder sich einfach nur austauschen kann. „Mein erster Tag, das wird sich noch irgendwie ergeben" dachte ich. Die Tatsache, dass sich in meinem Bekanntenkreis das ein oder andere Frauchen tummelte, dass entweder trächtig war oder gerade geworfen hatte. Doch auch hier fehlten mir die vorangegangenen Monate, denn meist rotten sich div. Mütter recht schnell zu festen Rudeln zusammen bei denen es schon als Inhaber einer Vagina nicht so leicht ist im nach hinein integriert zu werden. Als Mann und als Nachzügler rechnete ich mir nicht allzu große Chancen aus. Inmitten dieser Überlegungen und weiteren mind. 500 m mit dem kleinen auf dem Arm, bemerkte ich, dass er eingeschlafen war. Bei Luca bedeutete dies allerdings nicht, dass jetzt für die nächsten Stunden Siesta ist, denn mit den Schlafen war es so eine Sache. Egal, er döste und ich war erst mal aus dem Schneider. Ich postierte sein Stillkissen so wie er es am liebsten hatte und versuchte ihn so sanft hinzulegen wie es wohl jeder Museumsdirektor mit einem Faberge-Ei getan hätte. Doch kaum verlagerte sich der kleine Körper von der wohl recht bequemen halb-senkrechten in die Waagerechte, starrten mich seine großen Kulleraugen so intensiv an, als wollte er sagen: „Papa, was soll das, hast du gedacht ich merk das nicht, du Trottel?" Das lasziv zufriedene Gesicht transformierte sich blitzschnell zu einer weinenden Fratze. Und so ging es gegen 9Uhr morgens in die nächste Runde. Zu meiner Überraschung war ich noch nicht angeschlagen und weit von einem K.O entfernt. Doch dass sollte sich im Laufe des Tages noch ändern.

Er wieder wach, ich nicht begeistert und noch knappe 8 Stunden alleine im Ring mit der Frucht meiner Lenden. Das Weinen dauerte nur kurz, denn ich nahm ihn wieder einmal auf den Arm und zeigte ihm somit wer der Boss ist: ER. Über die Erziehung und die Konsequenz im ersten Jahr des Kindes gibt dermaßen viele Meinungen, dass man glauben könnte, man diskutiere über den Sinn des Lebens. Ich hatte hierzu noch keinen echten Standpunkt, da ich schon zufrieden war, wenn ich nicht alles falsch machte, was man falsch machen konnte. Als würde man einem IT-GIRL zuerst einen billigen und dann einen Designer-Schuh zeigen, verwandelte sich seine weinerliche Fratze verblüffend schnell in ein herzliches Lächeln, just in dem Moment als ich ihn wieder an meine Schulter drückte. Jede Mama oder jeder Papa der diese Zeit schon hinter sich hatte, sagte mir hinterher, ich solle diese kuscheligen Momente genießen, weil die Lütten sich nach und nach zu rotzfrechen Teufeln entwickeln die scheinbar nur darauf bedacht sind, die Geduldsgrenzen ihrer Eltern zu testen, als seien es Mäuse im Labor. Zu diesem Zeitpunkt hatte ich noch den Segen der Unwissenheit und nahm dieses schmusige Verhalten als selbstverständlich hin. Ich war sogar froh wenn er mal keinen Körperkontakt suchte, damit ich mich auch mal wichtigeren Dingen zuwenden konnte, wie z.B. meiner Lieblingsserie. Aber ehrlich gesagt nehmen Säuglinge unglaublich wenig Rücksicht auf die Fernseh-Gewohnheiten seiner Eltern. Was nun folgte war die sog. Bespaßung. Meine Frau sagte mir zwar, dass dies der angenehmste Part des Tages sei, ich war mir allerdings nicht so sicher, da ich keine Ahnung hatte wie man so einen kleinen Fleischsack bespaßt. Leider konnte er zu der Zeit nur liegen, grinsen, weinen, scheissen, fressen und versuchen seine eigenen Gliedmaßen zu verschlucken. Wie entertaint man also so einen „Nichtskönner"? Ich musste da bedingungslos dem Beispiel meiner Frau folgen und hoffte, dass ich damit durchkam. Ein buntes Spielzeug hier, etwas was Geräusche macht da und ab und an mal Kitzeln. Das klappte tatsächlich und ich verbrannte eine weitere Stunde. Das schöne war, dass mein Sohn mir diese Bemühungen wirklich dankte. Und alle Eltern die dies hier lesen wissen wie sich ein 5 Monate alter Mensch sich bedankt. Mit dem sog. Engelslächeln und einem Lachen dass einen sogar kurz nach dem Schauen des Films „Platoon" herzhaft schmunzeln lässt. Den Rest des Tages verbrachte ich dann mit den selben Sachen wie am Vormittag, nur dass ich ab und an die Flasche ansetzen musste. Diese Augenblicke waren definitiv die innigsten. Luca versank dabei nach ein paar Sekunden immer in eine Art Kuschel-Trance Zustand. Während des Trinkens war er friedlich wie sonst nie und er murmelte sich von Minute zu Minute immer tiefer in meinen Arm ein. Nach dem Trinken und dem obligatorischen „Bäuerchen", was bei Ihm schon kurz nach der Geburt eher wie ein kaputtes Nebelhorn klang, sah er dann aus, als hätte er eben gerade am Bon gezogen. Die Gliedmaßen bewegten sich in Zeitlupe und der Blick war auf Halbmast. In den ersten Monaten, in denen meine Frau noch das Ruder in der Hand hatte, hielt dieser Zustand, der wohl landläufig als „Futterkoma" bezeichnet wird, erfreulich lange an. Ich hatte da weniger Glück. Nach max.5 min war der Zauber meist vorbei, und der Spuk begann von neuem. Als gegen 17 Uhr meine Verstärkung eintraf, lag ich gerade auf dem Rücken im Schlafzimmer Kopf an Kopf mit Luca. Das komische war, dass das Öffnen der Tür den kleinen so erschrocken hat, dass er sofort anfing zu weinen. Somit hatte meine Frau sich in Sekunden ein recht klares Bild von meinem Tagesablauf gemacht und lachte mich herzhaft aus. Und obwohl ich meiner Frau vorher versprochen hatte, sie abends immer erst mal „ankommen" zu lassen, nahm ich den Schreihals und drückte ihr ihn, just in dem Moment in den Arm, in dem sie ihre Jacken an die Garderobe hing. Obwohl es mir während meiner Arbeitszeit genauso ging, konnte ich mir in diesem Moment nicht vorstellen, dass es jemand gibt, der sich auf genau diesen launigen Zwerg freut. Aber meine Frau nahm den kleinen mit solcher Inbrunst und voller Euphorie entgegen, dass man hätte glauben können, sie hätte ihn wochenlang nicht gesehen. Ich sank wie ein angeschossener Krieger in die Kissen unserer Couch und hatte das Gefühl ich hätte 8 Stunden lang Freunden beim Umzug geholfen und gleichzeitig Matheaufgaben gelöst. Das hört sich übertrieben an und ich hätte es bis dato nicht geglaubt, dass ein kleines Kind, dass man nun mal abgöttisch liebt, einen so fertig machen kann. Man fängt unweigerlich an, die eigenen Fähigkeiten sowohl als Vater als auch als Mensch anzuzweifeln. Aber es war ja mein erster Tag und meine Frau machte mir Mut.

Denn auch sie war Anfangs regelmäßig am Rand ihrer nervlichen Belastbarkeit. Rückblickend betrachtet war das schlimmste eigentlich nur, dass man nicht weiß, was der kleine will oder hat. Und wenn man dann alles ausprobiert hat, und der Wurm immer noch schreit, schwanken die Gedanken sekundenschnell zwischen Notaufnahme, hinlegen und weggehen, aus dem Fenster werfen, knebeln oder einfach nur neben ihn setzten und heulen. Letzteres war natürlich die einzige Variante die reell in Frage kam, denn sonst würde ich dieses Buch wohl in meiner Zelle oder am Strand eines Landes das nicht ausliefert schreiben. Und ich kann an dieser Stelle betonen, dass auch meine Frau auf freiem Fuss lebt.

Mein erster Tag war definitiv ein freier Fall, der erst am Ende des Abends durch eine Gerade gestoppt wurde. Ich hoffte auf mehr gerade Strecken.

Wer braucht schon Schlaf...

„Nur eines ist schlimmer als jemand der Recht hat. Eine FRAU die recht hat". In den folgenden Wochen bekam ich diese Weisheit sehr oft zu spüren. Denn die Äußerung meiner besseren Hälfte fingen so langsam an, sich in fast jeder Hinsicht zu bewahrheiten. Kommen wir zuerst zum Klassiker. Wie viele dachte ich, dass es nicht sooo schwer sein kann, ein Kleinkind/Säugling/Teufel zu betreuen. Ich musste schnell feststellen, das ER mir in fast allen Punkten haushoch überlegen war. Wie andere Eltern auch, hatten wir uns eine art Plan zurecht gelegt, wie wir in bestimmten Situationen reagieren und wie Konsequent wir diese Methoden dann durchziehen werden. Alles für die Katz. Ich nehme hier mal das markanteste Beispiel bei dem wir mit unserem Sohn ne waschechte Niete gezogen haben. Das Schlafen!!! Leider gehörte er von Anfang an zu der Sorte Quälgeist, die TODMÜDE sind, aber trotzdem die Kurve nicht kriegen. Und so probierte meine Frau div. Praktiken aus. Spieluhr, singen, erzählen, einwickeln (pukken) etc. Sie ließ ihn dann meist auf dem Arm einschlafen. Das klappte am besten direkt nach einer Milchfütterung. Wenn sie dann behutsam genug vorging, konnte sie ihn ins Bett legen und hatte mind. Für die nächste halbe Stunde ruhe. Ihren Erzählungen nach, die fast immer mit einer gewissen Verzweiflung und Müdigkeit einher gingen, folgte meist ein Konzert aus weinen wegen alleine, weinen wegen hunger, weinen wegen Schnuller weg oder einfach nur weinen.

Doch zu Beginn meiner Elternzeit sollte sich dies ändern. Ich übertreibe nicht wenn ich sage, mein sohn hatte das perfekte Timing. Just in der ersten Nacht von Montag auf Dienstag legten wir ihn wir immer Schlafend ins Bett. Aber was war das..?? Ich war schon auf das schlimmste gefasst und rechnete mit max. 3 Stunden Schlaf. Als ich das erste mal aufwachte war es 6:15 Uhr morgens. Ich hörte ihn leise weinen und sprang auf, ging in sein Zimmer und lächelte ihn an. Er lächelte zurück, als gäbe es zwischen uns eine geheime Übereinkunft die besagte, dass Papa den Schlaf verdient hätte. Auch meine Frau warf mir und Luca ein Verschwörung auf höchster Ebene vor und ließ ein verächtliches: „JA JA" verlauten. Doch einmal ist keinmal und meine Euphorie wurde durch eine große dunkle, über mir schwebende, Wolke namens : ZUFALL gebremst. Doch die nächsten ca. 3-4 Wochen untermauerten die Vermutungen meiner Frau und bescherten mir ein Übermaß an Schlaf. Trotzdem war der Weg ihn erst mal in diesen Melathonin getränkten Zustand zu versetzen eine Mischung aus Kampf, Verzweiflung und Nervenzusammenbruch. Erschwerend kam hinzu, dass der Kleine mit ca, 3 Monaten das erste mal wegen einer Bronchitis ins Krankenhaus musste. Das Ergebnis bzw. die daraus folgende Medikation sah die Inhalation mit einem Medikament vor, das ihm zwar half, besser zu atmen, ihn aber auch aufputschte als hätte er eine line KOKS gezogen. Das machte die Sache mit dem Schlafen gehen nicht gerade einfacher. Und so verging zwischen dem ersten Anzeichen für echte Müdigkeit und dem tatsächlichen Einschlafen meistens 1-2 Stunden in denen die Liebe zu seinem Kind auf eine wahre Probe gestellt wird. Teilweise drehten sich meine Gedanken zwischen Holzhammer, Propofol und Adoptionsfreigabe hin und her. Zumindest schlief er durch und ich gewöhnte mich gerade an diese, uns allen bekannte Art der Augenpflege, als der liebe Gott, Zeus, Satan oder sonst irgendeine höhere Macht mir und meiner Kraftbetankungsphase einen gar bösen Knüppel zwischen die Beine warf. Das Übel war ein weiterer Krankenhausaufenthalt wegen Asthmaanfällen. Für Luca bedeutete das eine Braunüle hinters Ohr in den Kopf, Blutabnahme am Fuß, eine völlig fremde Person die an ihm herum fingert, 4 mal die Nacht eine kleine Maske im Gesicht zum Inhalieren, aber auch den Papa direkt neben seinem Bett schlafend. Für mich bedeutete es kurzfristig 4 Nächte in einer Art Windelknast nur ohne echten Hofgang, schlechtes Essen, das man sich auch noch selber holen musste und einen Fernseher der sich auf NDR 3 aufgehängt hatte und sich nicht umschalten ließ. Langfristig zeigten sich aufgrund der Inhalationen, dass der Luxusschlaf vorbei war. Denn wenn der Kleine sonst auch das Gedächtnis einer Tube Wundcreme hatte, so merkte er sich seltsamerweise ziemlich genau den Takt der nächtlichen Unterbrechungen. Das Ergebnis waren zukünftige Nächte in denen ich 4-5 mal aufstehen musste, weil Luca meinte einfach mal so wach zu werden, ohne auch nur den Ansatz einer nachvollziehbaren Begründung parat zu haben. Es ging eigentlich nur darum, dass einer reinkommt und sich kurz blicken lässt. Jetzt murmeln bestimmt ein paar Eltern vor sich hin, dass man den kleinen dann einfach mal schreien lassen muss. Auch wir bekamen diesen Tipp bis zum Erbrechen vorgebetet. Doch genau wie Rezepte für Eintopf, sind auch Kinder einfach unterschiedlich. Luca hatte anscheinend diese Taktik recht Früh durchschaut (oder war wirklich verzweifelt), so dass er bei Nichtbeachtung einfach weitermachte bis er nur noch ein Häufchen Elend und Rotze war, der trotz Schnappatmung weiterschrie. Das ganze hielten wir max. eine Stunde aus. So gesehen hat er uns daraufhin konditioniert, dass einer von uns recht schnell reagierte. Damit das auf Dauer nicht langweilig wurde und der Papi evtl. die Chance hat, sich daran zu gewöhnen schaffte er es irgendwie, in unregelmäßigen Abständen, ein neues Kaninchen aus dem Hut zu zaubern. Wenn er z.B. einen Wachstumsschub hatte, was man ja nicht wirklich erkennt, außer man könnte auch das Gras wachsen hören, verlangte er Nachts auch mal plötzlich wieder nach einer Buddel Milch. Doch bis man das gerafft hatte, war er schon wieder im Todesschrei-Modus und man selbst kurz davor kopfüber von einem Hochhaus in ein Fingerhut zu springen. Mit der übel schmeckenden Gewissheit in diesem Punkt wirklich alles falsch zu machen, fand ich mich mit dem Schlafmangel ab und spielte die kommenden Monate den Leibeigenen meines Sohnes

Eltern sind dann aber auch in einer fiesen Zwickmühle. Reagieren sie zu schnell, geben sie ihrer Brut das Signal, sie müsse nur kurz aufmucken und schon kommt jemand.

Warten sie, bis der Nachwuchs so richtig aufdreht, assoziiert er die wachsende Lautstärke mit entsprechender Aufmerksamkeit und dreht gleich am Anfang richtig auf, damit jemand kommt. Also heißt es „Ganz oder gar nicht" wie bei Wolle Petry. Meine Frau und ich waren allerdings nicht in der Lage, diese Art der Herangehensweise zu praktizieren. Ich stand in der Woche also 4-5 mal auf um Luca kurz zu bemuttern (bevattern) und Svenja löste mich am Wochenende ab. Der Ablauf wiederholte sich nun wie die Zeitschleife bei dem das Murmeltier grüßt. Beim Zu Bett bringen versuchte ich stur wie ein Muli, ihn wach in sein eigenes Reich zu bringen, ihn ein wenig zu besäuseln, um ihn dann alleine einschlafen zu lassen. Er quittierte diese Taktik mit einem Geschrei, dass so herzzerfetzend war, dass ich immer wieder weich wurde und nach ein paar Minuten kehrt machte. Denn wie anfangs erwähnt, sitzt der oder die Kleine einfach am längeren Hebel. Und der Hebel heißt: LIEBE.

. Es gab natürlich auch Nächte, in denen er nur 2 mal aufwachte und dann durch schlief. Doch die konnte ich bis zum 11 Monat an einer Hand abzählen. Abgesehen von einigen Ausnahmen bei denen er, durch die eine oder andere Krankheit gebeutelt, quasi mit „Virus-Bonus" mit der Lizenz zum gekuschelt werden noch öfter aufwachte, wurde es immer besser. Zog sich der abendliche Hauptkampf normalerweise über die volle Distanz, konnten wir ihn nach und nach immer öfter nach 4-5, dann nach 2-3 Runden ausknocken. Übersetzt heißt das: Bett-fertig machen (Wickeln, Inhalieren, Zähneputzen, quatsch machen, Küsschen verteilen und abholen und ins Bett legen. Das übernahm immer meine Frau. Bei mir war er deutlich widerstandsfähiger und an ein K.O. War nicht zu denken. Diese Tatsache wird bis heute umringt von

Mythen und Geheimnissen. Einige Experten vermuten es liegt daran, dass der Kleine mich einfach besser kennt und genau weiß, wo ich meine Zuneigungsgrenze habe um sie dann sofort weiter auszuloten. Verschwöhrungstheoretiker indes vertreten die Meinung, dass er einfach eine Überdosis PAPA über den Tag hinweg bekommen hat und schlichtweg die Schnauze voll vom männlichen Elternteil hat. Irgendwo zwischen diesem Sumpf aus Vermutungen, hockt die Unke der Wahrheit, die jeder für sich selber beantworten muss. Doch auch bei meiner Frau kam es natürlich immer wieder zu nervigen (Rückblickend zu putzigen) Ereignissen. Ab und an versuchte Luca es mit der Handkuschelnummer. Dazu muss man sagen, dass wir einen Stuhl genau neben seinem Bett stehen haben, auf dem sie sitzt während er in den „Schlafmodus" schaltet. Er stand dann auf. Doch statt zu meckern oder zu weinen, was zur Folge gehabt hätte, dass meine Frau das Zimmer verlassen hätte, stellte er sich genau an die Stelle an der sie ihre Hand immer ablegte und legte seine Wange direkt darauf. Begleitet mit einem extrem fies-niedlichen seufzen, so dass meine Frau emotional dermaßen angeschlagen im Ring lag, dass sie da bleiben musste. Doch es ging bergauf. Als er 1 Jahr alt wurde, hatten wir den Standard erreicht, dass sie ihn hinlegte, ca 5 Minuten blieb, dann raus ging und er dann max. 5-10 Minuten meckerte oder weinte (fake). Dann war von einer Sekunde zur anderen Ruhe er pennte ein. Ähnlich wie die Entwicklung beim „Betten fassen" ging auch der Bereich Durch-schlafen voran. In normalen Nächten ohne irgendwelche Weh-wehchen wie Zähne, Fieber oder sonstige Ausreden, merkten wir erst wieder, dass wir Nachwuchs haben, wenn meine Frau zur Arbeit ging.

Der Mittagsschlaf war für mich aber noch viel

verstörender und wesentlich schlechter zu durchschauen. Im allgemeinen konnte ich die Fütterung schon recht früh auf einen festen Termin setzen und eine tägliche Wiedervorlage erwirken. Bis zum 13 Monat verlief das Essen dann auch meist ohne besondere Vorkommnisse. (siehe Kapitel : Nahrungsaufnahme). Danach versuchte ich, eine mehr oder weniger fester Tradition einzuführen. Inhalieren, Wickeln und Schnuller in Mund. Luca allerdings war bis dato weit davon entfernt, sich irgendwelchen Ritualen zu unterwerfen. Mal schlief er nach 5 min., mal schrie er so lange, bis ich ihn aus dem Bett nahm und mich mit ihm auf der Brust auf die Couch legte, mal wartete er bis ich es mir mit meinem Mittagessen auf dem Sofa gemütlich machte und fing genau dann an zu schreien, mal schrie er und hörte genau dann auf, wenn ich vor seiner Tür stand.

Inzwischen hat sich ein Zustand etabliert mit dem ich nicht gerechnet habe. Es ist ein wenig wie Zahnschmerzen. Wenn man sie hat, glaubt man erstens, sich nicht mehr an eine Zustand ohne diese Schmerzen erinnern zu können und zweitens kann man sich nicht vorstellen, dass es je wieder besser wird. Doch aktuell (15. Monat) legen wir ihn hin, geben ihm ein Küsschen und gehen raus. Er meckert dann ca. 2 min und brabbelt noch ca. 20 min. Dann ist Ruhe. Beim Mittagsschlaf meckert er nicht einmal mehr.

Die Fahrt geht munter weiter, denn obwohl man sich an das Tempo gewöhnt hat, machen einem die schnellen, fiesen Überraschungen hinter jeder Kurve echt zu schaffen.

Jeden Tag was neues...

Ich hatte manchmal das Gefühl, seine Niedlichkeit wird nur durch seine Blödheit übertroffen. Klingt gemein, schien mir aber so. In den Monaten 5-8 konnte er in meinen Augen aber auch gar nix. Dabei schien er schon groß genug um wenigsten die einfachsten Aufgaben meistern zu können. Am frustrierensten war es zwar, dass er sich immer noch nicht klar ausdrückte wenn er etwas wollte, aber auch in anderen Dingen kam seine Haltung einer Arbeitsverweigerung gleich. So lag er meist einfach nur da wo man ihn hingelegt hatte und starrte Millionen Löcher in den Äther. Rückblickend betrachtet war das zwar noch ein relativ stressfreies Unterfangen, da man sich drauf verlassen konnte, dass er nicht einfach mal irgendwo runter fällt. Doch zu der Zeit wünschte ich mir ein wenig mehr Einsatz. Ich konnte mir ums verrecken nicht vorstellen das dieser, vor sich hin brabbelne und sabberne Klumpen, sich jemals hinsetzen, geschweige denn stehen kann. Schon seine derzeitige Anatomie schien mir für diese Bewegungsabläufe gänzlich ungeeignet. Im Vergleich zum Rest des Körpers glichen seine Beine eher kleinen Stumpen. Das Gebilde, dass in meinen Augen aber der definitive Grund für die Unfähigkeit meines Sohnes sich zu erheben, war sein Kopf. Als würde man einen Medizinball auf einem Streichholz platzieren, thronte dieses wuchtige Ding entgegen jeder Relation auf seinem zierlichen Körper. Physikalisch unmöglich, dachte ich. Interessant wurde es, wenn er es dann doch versuchte. Es fing mit dem drehen von der Rückenlage in die Bauchlage an. Diese Bemühungen waren wohl dermaßen anstrengend, dass er danach fast immer schlafen wollte oder zumindest quängelig wurde. Irgendwann kam dann noch die Frustration dazu, dass er es nicht schaffte. Als Elternteil möchte man nur zu gerne sofort hineilen und ihm helfen. Doch es wird einem ja ständig vom Kinderarzt und von Freunden die sich als perfekte Eltern ausgeben, gesagt, man solle ihm sich selber überlassen. Erst wenn er es alleine schafft, ist er soweit auf dem Bauch zu liegen. Das paradoxe war dann aber, dass ich von meiner Kinderärztin häufiger gefragt wurde, ob er denn nun endlich den Kopf alleine Heben könne. Mir erschloss sich nicht die Logik der Frage, da sie ja wusste, dass er sich noch nicht alleine umdrehen konnte. Aber mal im ernst.... welche Eltern schauen ihrem Kind allzu lange beim Versagen zu. Natürlich habe ich ihn auch mal auf den Bauch gelegt. Anfangs war es eine Mischung aus niedlich und bemitleidenswert. Denn der Seite zu der sein Kopf zeigte als ich ihn hinlegte, war er dann für die Dauer seines Aufenthaltes in dieser Lage auf Gedeih und Verderb ausgesetzt. Hinterlistig wie ich war, platzierte ich mich ab und an auch mal auf der gegenüber liegenden Seite und machte Geräusche. Natürlich nur um ihn zu fordern...;-). Doch entgegen meinen Erwartungen, schaffte es der kleine Satansbraten doch tatsächlich von Zeit zu Zeit immer öfter, seinen Kopf soweit zu heben, dass er die Seite wechseln konnte. Am niedlichsten war es, als er es schaffte kurz mit erhobenem Kopf zu verweilen. Sein Blick in diesem Moment war dermaßen süss, dass es mir heute noch ins Gehirn gebrannt scheint. Wie schon erwartet machte er logischerweise auch in punkto Umdrehen fortschritte, wobei wir uns hierzu jeden noch so kleinen Rat zu Hilfe nahmen den wir kriegen konnte, um dem kleinen dabei zu helfen. Er quittierte es uns mit, hinsichtlich meiner anfänglichen Bedenken, riesigen Fortschritten. Zum 6. Monat hin tat er dann so, als hätte er seit der Geburt nichts anderes gemacht. Ich bin mir nicht sicher, aber selbst sein Blick dabei schien zu sagen: „ Was wollt ihr? Noch fragen??"

Dann hatte ich ein Erlebnis, das ich wohl nie vergessen werde. Glücklicherweise habe ich es auf Video, denn mir glaubte bis dato eh niemand wenn ich zum besten gab was mein Sohn schon alles konnte. Es war kurz nach dem Wickeln, als ich ihn wie fast immer noch einmal auf den Bauch legte, mich vor ihn kniete und seinen süßen Blick beobachtete den er dann drauf hatte. Zum Spaß sagt ich „Hallo" zum ihm. Und er...antwortete mit einem, für sein alter sehr deutlichen: „Hallo". Hallo....mein Säugling sagte Hallo...gut, es könnte auch ein Haijo, oder Haho oder ein hao gewesen sein. Doch selbst die Videoauswertung ergab kein eindeutiges Ergebnis. Ich jedenfalls kriegte mich nicht mehr ein und freute mich fast so sehr wie über einen „Neuner beim Break*". Mein kleiner indes hat diesen Laut bis dato nie wieder artikuliert. Aber kommen wir zurück zu den Sachen die er zu der Zeit nicht konnte. Ich orientierte mich hierzu an vielen Ratgebern. Besonders aber an einem Kalender den ich von meiner Krankenkasse bekommen hatte als ich den kleinen bei mir mitversicherte. Schlug man dort den Monat auf, in dem der Wurm gerade war, standen dort eine Menge Tipps und Erklärungen. Lieder die man ihm vorsingen sollte, pädagogisch korrektes Spielzeug das er verwenden sollte und Spiele die man mit ihm Spielen kann und somit auch Dinge die er schon können sollte. So sollte ich mich laut Kalender vor ihn setzten und ihm einen Ball zurollen. Diesen sollte er dann wiederum irgendwie zurück rollen. Mmmh..gut. Mir war klar dass er dazu wohl in Bauchlage sein muss. Mir war nur nicht klar, womit er den Ball zurück rollen sollte. Seine Arme und seine Hände waren damit beschäftigt, zu versuchen, den Oberkörper etwas anzuheben, damit er sein Kopf wenigstens ein paar Millimeter heben konnte. Ich versuchte es also einfach mal. Aber welche eine Überraschung! Nix. Nicht mal das konnte er, obwohl es im Kalender stand. Der Ball rollte zu ihm, er würdigte ihm eines kleinen Blickes und kehrte zu seiner eigentlichen Intention zurück. Irgendwie seinen Kopf oben zu behalten. Aber auch in Rückenlage war mein Spross ein Totalversager. Er versuchte nicht einmal die, meiner Meinung nach, unkomplizierten Bewegungsabläufe mit seinem Spielzeug korrekt nach zu machen. So langsam nährten wie uns dem 7 Monat und laut Ratgeber und Kalender hätte ich mir Sorgen machen müssen, dass mein Sohn erst mit 12 Jahren anfängt zu laufen. Meine Kinderärztin gab zwar regelmäßig Entwarnung, aber trotzdem passte seine Entwicklung nicht in mein Ehrgeizchema.

Nach und nach gewöhnte er sich Dinge an, die ungeübten Eltern einen echten Schrecken einjagen können. Dass er so seine Schwierigkeiten damit hatte ins gelobte Land der Gummibärenträume zu gelangen habe ich ja schon erwähnt. Zu seiner üblichen psychologischen Kriegsführung die er praktizierte um uns Stück für Stück in den Wahnsinn zu treiben, gesellte sich nun etwas dazu, was im ersten Moment aussah als würde er mit Gewalt sofort ein paar Zentimeter wachsen wollen. Er lag auf dem Rücken und streckte sich so doll, dass er eine klassische Übung beim Turnen nachahmte. Er machte innerhalb von einer Minute so viele Brücken, wie es in Hamburg echte Brücken gibt. Allerdings sah es nicht so aus als hätte er dabei spass. Im Gegenteil. Teilweise hatten wir das Gefühl als würde er sich überstrecken um sich von irgendeinem Schmerz zu befreien. Das klingt dramatisch. Für uns Neulinge in der Elternbranche war es das auch. Ich schnappte mir also unseren HD Camcorder den wir uns eigens für den Nachwuchs zugelegt haben und hielt voll

drauf. Diesen Oscar reifen Film über die Wirkung einer
Überdosis von Irgendwas spielte ich die kommenden Tage
dann der Kinderärztin vor. Es gab zwar wieder die
gewohnten beruhigenden Worte wie: „Das ist normal. Er
hat gerade entdeckt, dass er das kann und probiert es aus."
Trotzdem merkte sie, dass meine Bedenken diesmal nicht
so leicht zu zerstreuen waren. Sie schrieb mir also eine
Verordnung zu einer speziellen Physiotherapie für
Kleinkinder. Wobei ich nicht glaube, dass sie dies für
wirklich notwendig hielt, sondern dass ihre Entscheidung
eher meiner Beruhigung diente und sie damit meinem
offensichtlichen Unbehagen Respekt zollte. Bisher
bewegte sich der kleine Wurm.....wie ein Wurm. Diese Art
der Fortbewegung knapp unter der Grasnarbe erinnerte
mich doch sehr an meine Bundeswehrzeit in der uns mit
knapp 70 db eingebläut wurde, dass diese extrem geduckte
Haltung das eigene Leben retten könnte. In Gedanken
sagte ich daher ständig zu meinem Sohn: „kleiner, wir
haben Frieden, es ist in nächster Zeit nicht mit
Schusswechsel zu rechnen." Aber auch laut Kalender
wurde es Zeit sich ein paar Zentimeter zu erheben und die
Welt aus einer anderen Perspektive zu sehen. Und so hatte
die Physiotherapeutin gleich mehrere Ansatzpunkte und
Luca wohl in den nächsten Wochen ein strammes
Fitnesstraining.

Bobath. Klang für mich erst mal wie ein traditioneller
Tanz indischer Dorfältester. Für alle die es nicht wissen,
steht im Glossar die genaue Erläuterung. Was ich bei der
Therapeutin (TP) beobachtet habe, entsprach so gar nicht
meinen Erwartungen, war aber sehr interessant. Im
Grunde kam ich mit Luca in ein großes Spielzimmer. 1-2
Matten, pädagogisch wertvolles Spielzeug und eine junge
Frau die recht vertrauenerweckend aussah. Bei Luca hatte

ich allerdings so meine Bedenken. Wie ich von einer guten Freundin erfahren habe, geht so eine TP ganz schön ran und fordert die kleinen Würmchen sehr. Da sich mein kleiner Spross bisher nicht gerade durch überdurchschnittlichen Einsatz bei koordiniertem, gewollten Bewegungsabläufen auszeichnete, erwartete ich von ihm nicht gerade Freudengesänge. Wann immer ich bis dato versucht hatte ihm den einen oder anderen Move zu entlocken zu dem er gerade keine Lust hatte, quittierte er mir dies mit div. Negativreaktion. Schreien, der Versuch zu beissen oder minutenlange Ignoranz waren nur einige davon. Ich war also gespannt wie ein Flitzebogen. Die erste halbe Stunde brach an. Ich setzte ihn auf eine der Matten und erklärte der TP erst mal was ich mir von dieser Geschichte erhoffte. Sie sagte mir dann, was ich zu erwarten hatte. Wir einigten uns dann auf ein gemeinsames Ziel. Das Krabbeln. Ich teilte ihr mit, dass wir bei uns zuhause noch Lichtjahre davon entfernt schienen. Sie antwortete nicht und widmete sich wortlos dem kleinen Clienten. Was dann folgte war genau das Gegenteil von dem was ich vorhergesehen hatte. Und das gleich in doppelter Hinsicht. 1. ging ich davon aus, dass die TP geheime, von einem Laien unmöglich nach zu machende, Spezialtechniken anwendet. Und 2. erwartete ich wenigstens eine der o.g. Negativreaktionen meines Kleinen. Was soll ich schreiben. War ja nicht das erste mal, dass ich völlig daneben lag und sollte definitiv nicht das letzte mal sein. Das erste was sie mit ihm machte waren in meinen Augen Dinge, die ich schon xmal mit ihm versucht hatte. Er lag auch dem Bauch, bereit zu robben. Sie setzte sich hinter ihn und zog ihn an der Hüfte zu sich hin. Schwupps...schon kniete er vor ihr und wippte hin und her. Und als ob das noch nicht genug war, grinste er dabei und lächelte die TP an als hätte sie ihm grade einen lebenslangen Vorrat Süßigkeiten versprochen. Ich saß da und konnte meine Verblüffung nur schwer verbergen. Am liebsten hätte ich sie gefragt ob sie auch übers Wasser gehen und Eiscreme kacken kann. Ich verkniff es mir und schaute erstaunt dabei zu, wie sie ihn drehte, wendete und immer wieder an der Hüfte zu sich hochzog. Er ließ sich das nicht nur gefallen, sondern freute sich so sehr darüber, dass er mehrmals lachte und jauchzte. Ich freute mich dermaßen über seine gute Laune und seine Fortschritte, dass ich das leicht aufkeimende Gefühl des Neides einfach mal verblassen ließ. Die halbe Stunde verging wie im Flug. Am Ende konnte ich nur ungläubig beobachten wie mein Sohn sich von ganz alleine in die kniende Position begab und freudig vor und zurück wippte. Als ich wieder einpackte, machte er mir unmissverständlich klar, dass er noch locker ne Stunde durchgehalten hätte. Auf dem Rückweg allerdings führte er dies wieder ad absurdum. Wir waren gerade 4 Minuten im Bus, da schlossen sich seine Augen und er schlief den Schlaf des Gerechten. Nun schöpfte ich neue Hoffnung das mein Sohnemann doch nicht so blöd ist wie dachte. Gleichzeitig zweifelte ich ernsthaft an meinen Fähigkeiten einem Kleinkind auch nur irgendwas beizubringen. Weiter ging es dann mit den Lauten. Nein, nicht den Lauten Nachbarn, sondern mit seinen verbalen Kommunikationsmitteln, die sich langsam aber sicher in eine Art Sprache verwandelten. Los ging es, wie bei fast allen mit dem Wort: „Mama". Mein Problem war nur, dass ich halt de PAPA war. Wann immer ich ihm gebetsmühlenartig versuchte das Wort PAPA zu suggerieren in dem ich meine Lippen übertrieben zu einem P formte, antwortete und antwortet er bis heute mit einem süffisant grinsenden „MAMA". Die übrigen laute am Anfang waren eine Mischung aus Deutsch rückwärts,

Russisch und eher zufällig entstehenden Geräuschen, die ich aus dem Film „Die Götter müssen verrückt sein" kenne und sich anhören wie die Klicklaute alter afrikanischer Stämme. Nach und nach schnappte er dann so nebenbei das eine oder andere auf, von dem wir nicht wussten, wo es herkam. Interessant und zugleich seltsam war, dass er immer wenn er mich Nackt..oder fast nackt sah, plötzlich PAPA sagen konnte. Sonst wie erwähnt nur MAMA.

Weniger Probleme hatte er nach und nach damit, Dinge zu identifizieren, wobei der erste Gegenstand den er einwandfrei erkannte die Lampe war. Im ersten Moment erschien mir das nicht gerade das zu sein was Kleinkinder im allgemeinen als erstes kennen lernen. Nach ein wenig Recherche im Freundeskreis erfuhr ich dann aber, dass es gar nicht so untypisch war. Ich fragte ihn also, wo die Lampe ist und er schaute sofort nach oben oder seitlich auf unsere Stehlampe. Nach und nach war dies auch das erste Gerät was er bedienen konnte. Am Anfang ahmte er natürlich nur unsere Bewegungen nach und drehte wie bekloppt an diesem armen kleinen Knopf herum, der sich wahrscheinlich fragte, was er im früheren Leben war und was er dort falsch gemacht hat. Nach ca. 2 Wochen im Brennpunkt von Luca`s Interesse war dann wohl sein Wille zum Durchhalten gebrochen. An einem Montag um ca. 12:16 Uhr fiel er zu Boden und verendete sofort noch vor dem Aufprall. Als ich hinter die Couch schaute konnte ich nur noch den Tod feststellen. Ich war froh, dass er nicht mitbekam, dass er nach 2 Tagen bereits ersetzt wurde und er nicht einmal vermisst wurde. Luca hatte also nun ein neues Opfer und dem erging es nicht besser als dem Vorgänger. Denn wann immer er auf dem Sofa zugange war, war die Stehlampe sein erklärtes Ziel. Nach einiger

Zeit bemerkten wir dann aber, dass immer öfter in die richtige Richtung drehte und sich sehr wohl über das Ergebnis im Klaren war. Hell und dunkel bewirkten immer wieder eine süsse Reaktion bei ihm. Meistens schaute er uns dann ganz stolz an und erwartete irgendeine Reaktion die optmimaler weise in tosenden Applaus gipfeln sollte. Heute entlockt ihm die Lampe nur noch ein müdes Lächeln. Den Knopf betätigt er wirklich nur noch, wenn ihm die vorherrschende Lichtintensität nicht passt.

Die Sprache, soweit man das so nennen kann, entwickelte sich nicht kontinuierlich und gleichmäßig sondern eher stoßweise wie Rheumaschmerzen. Wobei es bei meinem Beispiel wohl eher ums assoziieren geht. Los ging es mit einem Hund. Alleine durch das Spazieren gehen und die vielen 4 Beiner die sich draußen so tummeln, war das Interesse an diesen meist niedlichen Viechern geweckt. Aus dem Bellen, was er hörte formte er eigenes Geräusch. Wann immer er dann einen Hund sah, folgte seine Interpretation vom Bellen. Logischerweise habe ich beim Kinderwagen-Gassi-gehen so ziemlich alles was er beäugte beim Namen genannt und wiederholt, wiederholt, wiederholt, wiederholt....... Das erstaunliche fand ich nur, dass er, wenn ich ihn fragte: „wie macht der Hund?" er genau wusste, was ich wollte. Er machte sofort sein Geräusch und freute sich diebisch darüber. Weiter ging es dann mit anderen Tieren, denn meine Schwester hatte es sich zur Aufgabe gemacht, alle Spielzeuge die laut waren oder sonstige Geräusche machten nach und nach zu den üblichen Gelegenheiten wie Weihnachten oder Geburtstagen, in Luca`s Besitz übergehen zu lassen. Dazu gehörte auch eine Farm von den sog. Little People. Zu folgenden Tieren gab es hier die entsprechenden Laute, wenn man sie nur auf den richtigen Platz legte oder das passende Gatter aufmachte: Schwein, Kuh, Schaf und Pferd. Natürlich haben wir anhand der Figuren die Namen der Tiere gebetsmühlenartig wiederholt. Und so kombinierte verband er nach und nach die Tiernamen mit den dazu gehörigen Lauten. Das gehört für mich zu den Dingen, die darunter verstehe wenn man vom Wunder des Lebens spricht. Jetzt, am ende meiner Elternzeit, hab ich meistens das Gefühl er versteht fast alles, entscheidet nur gerne selber, worauf er reagiert. Am Deutlichsten wird es natürlich bei dem allseits beliebten Wort „NEIN". Zu seinem Pech hat er sich schon zu oft selber verraten, in dem er direkt auf das Wort reagiert und mit der verbotenen Tätigkeit aufgehört hat. Somit hat er seine Tarnung aufgegeben und ich weiß, dass es die anderen male bösartige Ignoranz war. Bei anderen Dingen ist seine Aufmerksamkeit deutlich konstanter. Ob es beim Ausziehen ist, wenn ich sage, er solle seine Mütze absetzten. Weder haben wir ihm gesagt was die Mütze ist und erst recht nicht erklärt, wie er sie absetzt. Fragt meine Frau den kleinen Racker, ob er ein Buch lesen will, geht er in sein Zimmer, steuert zielgenau das Regal mit den Büchern an, schnappt sich eins, kommt zurück, reicht es meiner Frau mit einem energischen „DA". Wenn sie ihn dann auf den Schoß nimmt und das Buch vor seine Augen aufschlägt, freut er sich wie ein Heroinsüchtiger auf den nächsten Schuss. Wer dieses Buch liest und schon Nachwuchs hat, wird sich eventuell schon mal mit dem Gedanken getragen haben dem Kleinen ein sog. Bällebad zu besorgen. Sollte das Kind noch nicht in den Brunnen gefallen sein, kann ich nur davon abraten. Wer schon eines hat, werden die nächsten Zeilen bekannt vorkommen. Wir haben uns nicht nur für ein Bad, sondern für einen ganzen Pool entschieden. Ein großes Pop up Zelt in Form eines Feuerwehrautos in dem ca. 700 Bälle platz haben. Doch was als kleines Spieleparadies gedacht war, hat für Luca fast nur einen Zweck. Das, wenn möglich, gesamte Bällevolumen von innen nach außen zu befördern. Im Grunde ist es, als würde man in ein Schwimmbad gehen, sich einen Eimer schnappen um das gesamte Wasser aus dem Becken zu holen. Ich hatte das zwar schon bei der Krabbelgruppe temporär beobachtet, dachte allerdings ich könne das zuhause aufgrund meiner Autorität unterbinden. Ich dachte aber auch bis vor ein paar Jahren ich würde ein Berühmter Fernsehmoderator werden und mir eine Wasserutsche vom Schlafzimmerfenster bis in meinen Pool leisten. Beides hat nicht geklappt. Und so hebe ich denn jeden Abend gefühlte 400 Bälle vom Wohnzimmerboden auf um sie zurück in das Feuerwehrauto zu werfen. Das lohnt sich allerdings nur, wenn der kleine entweder extrem abgelenkt in seinem Zimmer spielt, oder schläft. Denn sobald er sieht was ich da mache, flitzt er ins Auto und es entbrennt eine kleine Bälleschlacht. Doch ab und an (und nun kommt das erstaunliche) gesellt er sich zu mir und hilft beim zurücklegen der Bälle. Alles in allem, ist und bleibt es ein kleines Wunder, wie schnell sich so ein kleines Gehirn entwickelt und wie ehrgeizig die Kleinen sind, wenn es darum geht sich in jeder Hinsicht weiter zu entwickeln. Langsam könnte die Fahrt zu ende sein. Ich höre Seufzer und Schreie aus dem ersten Wagen und bin selber auch kurz davor aufzugeben. Doch das Adrenalin gibt mit letzte Kraftreserven.

Jeder der ein Job hat, hat Pause.....
ich nicht.....

Irgendwie hatte ich eine, nachträglich betrachtet, völlig verklärte Vorstellung von der Elternzeit. Dass ich bisher nicht in der Lage war, die Warnungen und Zeichen meiner Frau zu deuten, habe ich ja schon bewiesen. Daher muss ich zugeben, dass ich das ganze nicht nur unterschätzt habe, sondern auch mitten im Geschehen nicht kapiert habe, dass mehr zur Kleinkindbetreuung gehört, als das Vieh zu Füttern, zu wickeln und es ab und an zu bespaßen. Als der Kleine anfing sich ein wenig mit sich selber zu beschäftigen kreisten meine Gedanken um einen optimalen Tagesablauf. Er konnte Robben, ab und zu mal Krabbeln, in seinem Zimmer seine Spielzeuge selber Aktivieren und er reagierte schon auf ein „NEIN" mit einem verschreckten Gesicht. Im folgenden schildere ich hier mal kurz meinen, im Nachhinein utopischen, in dem Moment für mich aber erhofften Tagesablauf:

- Kind schläft bis 7 Uhr
- 7:10 Uhr wickeln, anziehen, Inhalieren
- 7:15 Uhr Frühstück machen (für mich) Luca. Milchfütterung
- 7:30 Uhr Luca spielt, ich schaue meine Morgenserien (Malcom Mittendrinn, Srcubs..etc.)
- 12 Uhr Fütterung, wickeln und Bespaßung
- 12:30 Uhr Luca Mittagsschlaf, ich auf der Couch oder am PC
- 15:00 Uhr Luca wecken, Bespaßung
- 16:00 Uhr Luca spielt, ich schaue meine Nachmittagsserien
- 17 Uhr Svenja kommt nach Hause, ich mache Essen
- 18 Uhr Alle haben gegessen, Svenja übernimmt Luca, ich geh auf die Couch

Soweit die Fantasie, nun zur Realität:

- Kind schläft bis 4:30 Uhr
- Kind wird zwischen Svenja und mir im Bett platziert
- 6:30 Uhr Kind steckt mir seinen Finger ins Ohr bis ich aufwache
- 6:35 Uhr Ich stehe auf
- 6:40 Uhr Luca bekommt seine erste Milch, ich mache mir Frühstück
- 7:00 Uhr Luca bespaßen, spielen, kaspern und durch die Wohnung jagen
- 9:00 Uhr Luca ein 2tes Frühstück geben, kurz Fernseher an
- 9:15 Uhr mit Luca spielen, Krabbeln üben, mit ihm reden und Bespaßen
- 12:00 Uhr Luca füttern, mich füttern
- 12:30 Uhr Hoffen auf Mittagsschlaf
- Wenn Mittagsschlaf: Saugen, Staubwischen, Spülmaschine einräumen, Waschmaschine anmachen
- 14:30 Uhr Auf die Couch, Fernsehen schauen
- 15.00 Uhr Luca wird wach
- 15:02 Uhr Luca wickeln, inhalieren, anziehen
- 15:10 Uhr Mit Luca spielen, Faxen machen, Bespaßen
- 17:00 Uhr Svenja kommt nach hause, geht Duschen, ich mache Essen
- !7:30 Uhr Luca sitzt in der Küche und will mitkocken
- 18:00 Uhr Wir essen, Luca meckert, nörgelt und isst ein wenig
- 19.00 Uhr Svenja entspannt von der Arbeit, ich spiele mit Luca
- 20:00 Uhr Luca wird in Bett gebracht, ich geh auf

die Couch

Ich glaube man muss kein Genie sein um die Diskrepanz dieser beiden Beispiele zu erkennen. So groß wie der Unterschied, war auch meine Überraschung darüber, dass mein Anteil an Freizeit deutlich geringer ausfiel, als ich mir erhofft hatte.

Wir befinden uns zwischen dem 8 und 10 Monat. Bobath zeigt erschreckend und erfreulich gute Ergebnisse und der kleine hat inzwischen seine eigene Geheimsprache entwickelt die linguistisch irgendwo zwischen Russisch und den Klicklauten eines afrikanischen Buschstammes angelegt ist, wobei ein leichter tibetanischer Hochebenendialekt im Hintergrund mitschwingt. Kurz gesagt: Ich versteh kein Wort außer „DA", „MAMA" und „DADA". Dass ich den Erfolg der TP sowohl als erschreckend als auch erfreulich finde liegt daran, dass das Krabbeln als solches ein toller Schritt in seiner Entwicklung ist. Leider erhöht sich dadurch aber seine Durchschnittsgeschwindigkeit erheblich, was meine eh schon kurzen Konzentrationspausen eben noch kürzer macht. Konnte ich mich vorher darauf verlassen, dass er mindestens 3 Minuten von seinem Zimmer in die Stube brauchte, wo er dringend beaufsichtigt werden musste, so schaffte er dies nun in einem Bruchteil der Zeit. Genau wie sein Krabbelstyle entwickelte in dieser Zeit auch sein eigenen Dickkopf. Ich hätte auch schreiben können, seinen eigenen Charakter oder seine eigene Meinung. Doch diese beiden Eigenschaften wechselte er schneller als Hollywoodstars ihre Ehepartner. Er zeigte mir genau was ihm gefiel oder nicht. Inzwischen nicht mehr nur mit Gebrüll, sondern auch mit dem passenden Geschichtsausdruck. Manchmal meckerte er zuerst nur, um dann schnell ins cholerische Austicken zu wechseln. Wenn ich auf dem Wickeltisch mit ihm zu lange brauchte, ging es z.B. mit kleinem Gemecker los. Da ich gelernt hab, dass gepflegt zu ignorieren, machte ich dann im gewohnten Tempo weiter. Der Kleine fühlte sich logischerweise nicht ausreichend beachtet und legte nun eine Schippe drauf. Mund weit auf und einen richtigen kurzen Schrei herauspressend versuchte er seiner Forderung nach mehr Geschwindigkeit, mit Dezibel Nachdruck zu verleihen. Wenn ich auch das links liegen ließ, suchte er mit seinem weit aufgerissenen Mund meine Hand um mich in diese zu beißen. Jetzt konnte er sich meiner Aufmerksamkeit sicher sein, denn diese Art den Protestes gehörte nicht zu den Dingen die wir tolerieren wollten. Das Problem ist: Wie reagiert man auf so etwas. So ziemlich jede Reaktion birgt nach genauen Hinsehen die eine oder andere Schwäche in sich. Wenn ich zurück beiße, könnte er denken, dass dies ok ist oder er hält es für ein Spiel und ich ziehe einen kleinen Mike Tyssen heran. Wenn ich ihn anschreie, reagiert er zwar sofort, allerdings kann ihm dies zeigen, dass Probleme mit Schreien gelöst werden und schon ziehe ich den zukünftigen Sänger einer Trash Metal Band heran. Schlagen kam für uns eh nie in Frage. Blieb nur ein kurzfristiger Liebesentzug durch bösen Blick und Ignoranz. Leider erzielte das im ersten Moment keinerlei Wirkung. Im Gegenteil. Er schaute in diesem Moment so niedlich, dass ich das nicht lange genug durchhielt damit das überhaupt Wirkung erzielen konnte. Was also tun. Auf Dauer entschied ich mich für eine Mischung aus einem lautem „NEIN" und einer kurzen Ignoranzphase. Inzwischen hat sich gezeigt, dass es recht oft funktioniert. Doch in den meisten Fällen behält er allerdings so selbstsicher die Oberhand, das man glauben könnte er hat sich heimlich die Kriegsstrategien eines bekannten Japaners durchgelesen. Alles im allen glaube ich an ein Unentschieden.

Trotz seiner neu gewonnenen Freiheit in Form der frisch erlernten Bewegungsmethode schien er nicht gewillt diese Art von Selbständigkeit in sein Spielealltag mit einfließen zu lassen. Wann immer ich auch nur im Begriff war, seinen Tanzbereich zu verlassen, wurde sein spielerisches Lächeln sofort von seiner weinerlichen Fratze abgelöst. Wenn ich dann die Frechheit besaß mich wirklich mehr als 5 m von ihm zu entfernen um ein paar Minuten Florizeit abzuknapsen, fiel er theatralisch auf die Knie, weinte bitterlich und krabbelte mir geknickt wie ein gebrochener Mann hinterher. Leider bin ich nicht die Art von Mensch, der das einfach ignorieren konnte. Also wendete ich mich ihm wieder zu und hoffte auf die nächste Gelegenheit. Wie wohl die meisten relativ frischen Erdenbürger hatte auch Luca ein sehr feines Gespür für schlechtes Timing. So hatte er manches mal die erfreuliche Angewohnheit, sich wirklich mit sich selber zu beschäftigen, unabhängig davon was ich gerade tat. Da ich wusste, wie fragil dieser Zustand war, nahm ich mir anfangs in diesen Momenten nichts wichtiges vor und wartete eigentlich nur bis er sich wieder meldete. Als diese Momente immer Zahlreicher wurden, entschied ich mich, das ein oder andere mal etwas im Haushalt zu erledigen, an den Laptop zu gehen oder mir etwas zu essen zu machen. Ich muss bei dieser Art egoistischen Tätigkeiten irgendein Duftstoff abgesondert haben, oder Luca ist ein Mutant und kann Gedanken lesen. Denn wann immer ich gerade mitten in der Hausarbeit oder beim Essen war, hörte ich schon die ersten Zickenlaute aus seiner Richtung. Ließ ich wertvolle Sekunden vergehen, bevor ich reagierte, drehte er auf und ich meine Zeit war vorbei.

Mein Zeitgefühl sagt mir, so langsam muss die Fahrt doch mal zu ende sein. Ich kann das Ende noch nicht sehen, aber so langsam ist es genug. Die Strecke scheint nicht mehr viel neues zu bieten und stellt sich nach und nach eine gewisse Routine ein. Doch immer wenn man glaubt, es kommt nichts schlimmes mehr, setzt die Bahn die nächste Schraube an.

Die Krabbelgruppe.

Ich kann nur vermuten, dass es außer mir noch mehr Ersttäter im Bereich Fortplanzung gibt, die von Zeit zu Zeit diese dunkle Wolke des eigenen Totalversagens über sich schweben fühlen und sich davon fast zerdrücken lassen. Es fängt aus diesen Wolken wie aus Eimern an zu schiffen, wenn man ein mal die Woche ca. 5-6 Müttern dabei zuhören muss wie sie sich gegenseitig auf ihre ekelhaft perfekten Schultern klopfen, weil bei ihnen eben alles perfekt läuft. Nicht dass ihr denkt ich wäre naiv verklärt und ein wenig doof. Mir war schon klar, dass bei denen auch nicht alles perfekt läuft, geschweige denn alles perfekt lief als ihre Gören in Luca`s alter waren.. Aber man kennt es ja. Jeder der nicht mindestens genau so schlecht dran ist, wie man selbst, ist ein verdammter Glückspilz.. Und mir war dann egal, dass ich einen Sohn habe, der beim Anziehen kein Alarm macht, der sich die Zähne putzen lässt, der beim Wickeln meistens lacht und der alle paar Minuten mit einem Kuscheln möchte. Es ist schon eine seltsamer Wesenszug, dass wir gerne mal alles positive ausblenden, solange wir über etwas kleines negatives genüsslich meckern und uns selbst bemitleiden können. Ein gutes Beispiel sind Zahnschmerzen. Man leidet, windet sich, glaubt dass es nie wieder aufhört und hasst seine Zähne so sehr, dass man sie am liebsten alle raus reißen würde. Dabei übersieht man, dass einem der Rest des Körpers nicht weh tut, was man bei der Anzahl der möglichen Schmerzherde doch locker als positiv bezeichnen kann. Ich habe allerdings noch niemanden mit akuten Zahnschmerzen erlebt, der statt zu jammern herumläuft, lächelt und sagt: „ geil, mir tun NUR meinen Zähne weh, der Rest ist chico". Und so saß ich da in meiner Krabbelgruppe und zelebrierte meine Schimpftiraden über einen kleinen Erdenbürger der einfach nicht vernünftig durchschlafen will und max. 1 Woche durchgehend gesund ist bis er dem nächsten Virus hinterher läuft. Das ganze gepaart mit der nötigen Portion weinerlicher Selbstkritik die das Motto: „ich mache aber auch alles falsch" vor sich her trägt. Die Kirsche auf der Sahnetorte des eigenen Versagens war dann, dass alle anderen Kinder in der Gruppe bereits laufen konnten. Die Tatsache, dass sie alle 2-6 Monate älter waren, habe ich dabei einfach mal ausgeblendet. Das putzige ist, dass es immer wieder Tage gab, an den der Kleine durch geschlafen hat, völlig gesund war und auch in allen anderen Belangen wie ein frisch vom Himmel gefallener Engel war. Just in diesem Moment habe ich diese Stunden oder Tage extrem genossen. Doch wenn auch nur einer dieser Punkte wieder ins Mittelmaß abrutschte oder wieder völlig daneben ging, schien ein kleiner Elektriker in meinem Kopf seine Arbeit aufzunehmen. Mit 2 großen Pranken griff er dann zu einem ebenso großen Schalter, der wohl die Aufgabe hatte die elektrischen Impulse zu blockieren, die mein Erinnerungsvermögen an eben diese guten Stunden oder Tage andocken ließ. Das Ergebnis war dann ein extrem genervter Papa, der sich wieder mal wie ein völlig überforderter Totalversager fühlte und den Moment verfluchte in dem er damals sagte: „9 Monate Elternzeit,.....kein Problem".

Zurück zur Krabbelgruppe. Nicht nur für Luca war das das Highlight der Woche. Denn wie schon erwähnt, war ich anscheinend nicht in der Lage die nötigen sozialen Kontakte zu Knüpfen, die nötig waren um, wie andere Mütter, jeden Tag der Woche mit Action für den Kleinen auszufüllen. Also war der Dienstag Nachmittag für mich ein Möglichkeit den Lütten mal sich selbst zu überlassen, mich auszutauschen und wie eben erwähnt, mir anzuhören wie toll es bei allen anderen Läuft. Für Luca war es die einzige Möglichkeit in der Woche, mit gleichgesinnten zusammen zu kommen die seine linguistischen Auswüchse und Feinheiten zu deuten und darauf zu interagieren wussten. Zusätzlich bedeutete die räumliche Freiheit im Gegensatz zu unserer 2,5 Zimmer Wohnung im 8. OG eine Steigerung von mehr als 200%. Von den Spielmöglichkeiten mal ganz abgesehen. Am schönsten war das beobachten der zwischenmenschlichen Konfliktlösungen. Die ersten Male, war ich immer kurz davor einzuschreiten, wenn ein etwas größeres Kind dass schon laufen konnte, meinem Sohn gerade das Spielzeug streitig machen wollte, mit dem er nun grade spielte. Doch die, mit einer menge Erfahrung geschwängerten Supermami`s hielten mich glücklicherweise jedes mal zurück. Denn was ich dann sehen konnte, war besser als Kino. Mein Kleiner war verdammt gut selber in der Lage sich zu behaupten. Wenn ein anderer versuchte ihm ein Spielzeug weg zu nehmen, was ihm wirklich wichtig war, hielt er es zu erst einmal sehr gut fest. Es gab dann allerdings immer noch ein paar Kandidaten, die diesen Wink nicht verstanden und unbedingt die Hörner des

Stiers zu spüren bekommen wollten. Nehmen wir mal den Kleinen von einer meiner einzigen und besten Mamifreunde. Ben war sein echter Name. „Demolition Ben" sein Spitzname. Er hatte die Angewohnheit es sich mit allen anderen Kindern schnell zu verscherzen. Da Kinder in dem Alter das Erinnerungsvermögen einer Fruchtfliege haben, war das für sein weiteres soziales Gefüge nicht weiter relevant. Für Luca und für Ihn bedeutete es in dem Moment allerdings ein kurze Situation wie ihn wohl nur die plötzlich verfeindeten Nachbarn im Amerikanischen Bürgerkrieg kannten. Ich werde nun politisch keinerlei Stellung beziehen wer hier Nord und wer Südstaten verkörpert. Demolition ben ließ also meist nicht los und zerrte weiter an der Sache, die Luca momentan sein Eigen nannte. Zuerst kam der böse Blick......dann der böse Blick gepaart mit einem leichten aber deutlichen Grunzen. Bei Nichtbeachtung folgte eine leicht weinerliche Mimik gepaart mit einem offenen Mund und leicht gefletschten Zähnen. Da auch die Warnung bei Ben meist nicht fruchtete, senkte sich sein Kopf mit offenem Mund nun zur Hand des Übeltäters, bereit seine gerade gewachsenen Zähne auch zu benutzen. Und siehe da.....auf einen Biss wollte es nicht einmal „DB" ankommen lassen und zog dann wie eine Heuschrecke weiter um ein anderes Gebiet zu bearbeiten. Zum Glück eskalierte es nicht immer wie beschrieben. Meisten brauchte Luca nur die Zähne zu fletschen und der Drops war gelutscht. Sonst hatte die Krabbelgruppe für mich nicht viel zu bieten. Aber da ich nicht die Zielgruppe war, spielte das nur eine untergeordnete Rolle. Dem Kleinen gefiel es von mal zu mal besser. Auch wenn er bis zum 14 Monat immer noch neidisch nach oben blickte, um zu sehen wie sich die anderen Kinder in den oberen Luftschichten bewegten. Vom 12-14 Monat führte ihn sein erster Gang (Krabbel) immer direkt nach dem Ausplünnen in das Bällebad. Das wiederum war groß genug dass dort locker 4 Kinder Platz finden konnten. Die Bälle habe ich nie gezählt, aber sie reichten um mind. 1 Kind komplett verschwinden zu lassen. Wie gesagt, steuerte Luca als erstes direkt auf das Bällebad zu und ließ sich geschmeidig vom Beckenrand hinein gleiten. Dann ab in die sitzende Position und stolz vor sich hin gelächelt. Mit Bewegungen die einer Art Brustschwimmen im sitzen sehr nahe kommen, schaufelte er dann erst mal gefühlte 100 Bälle von der einen in die andere Ecke. Aber nach ca. 5 min. wurde ihm die Solonummer dann aber meistens zu langweilig. Ich konnte seine Gedankengänge nur erahnen, aber ich vermutete er wollte mich irgendwie mit einbeziehen. Wohl wissend, dass ich die Bälle irgendwann wieder einsammeln musste, beförderte er kontinuierlich einen Ball nach dem anderen von innen nach außen. Immer mit einem süffinsanten Grinsen in meine Richtung. Privat zuhause bedeutete die Krabbelgruppe meistens etwas mehr Entspannung, denn er nutze fast immer die ganze räumliche Größe und war dem entsprechend ausgepowert.

Ich kann zwar das Ende der Strecke schon sehen und werde immer entspannter, aber zurücklehnen und auf die Bremse warten kann ich aufgrund der vergangenen Erfahrungswerte nicht.

Stehen, Gehen, Krabbeln......
oder was solls nun sein.

Wir sind im 13. Monat und den Kleinen zieht es magisch nach oben. Und das gleich im doppelter Hinsicht. Zum einen hat er entdeckt, dass er mit ein wenig Geschick und Kraftaufwand sowohl den Mount Bett als auch den Mount Couch erklimmen konnte.Das wiederum machte eine ganz neue Form der Aufmerksamkeit unabdingbar. Denn vor allem der Mount Couch war aufgrund des nahe gelegenen Couchtisches und dessen Kanten und Spitzen eine erhebliche Gefahrenquelle mit extremer Verletzungsgefahr. Zwar haben wir dem Kleinen für den Abstieg mühsam und Wochenlang eingebläut, er solle sich „UMDREHEN" bevor er irgendwo heruntersteigt, was er inzwischen auch ausnahmslos beherzigt, allerdings ließ seine Konzentration und Aufmerksamkeit im Zuge seiner Couchaction das ein oder andere mal zu wünschen übrig. Gefährlich wurde es vor allem, wenn er meinte sich ganz knapp am Couchrand hin zu setzten. Da er keine Sicherungsseile hatte und wir den Tisch nicht in Daunenfeder gehüllt hatten, mussten wir ihn schon diverse male vor einen unfreiwilligen Fallrückzieher ohne Ball direkt auf die Tischkante retten. Beim Bett im Schlafzimmer war zwar keine schlimme Kante in der Nähe und das umliegende Gelände bestand aus Kopffreundlichem Teppich, leider reichte die Höhe aber immer noch aus um sich ne kräftige Beule zu holen. Und so gab es dann auch genau 2 Begebenheiten, die mir als übervorsichtige Glucke fast ein Hirn - aneurysma beschert hätten. Zuerst ein Bergunfall der sich schon im 11 Monat ereignete in dem der Kleine nicht aus eigener Kraft den Mount Couch bestiegen hatte, sondern einfach zum Kuscheln und spielen herauf gehoben wurde. Ich war zu der Zeit gerade auf dem Weg zum Sport als ein Anruf meiner Frau kam. Übrigens die selbe Frau die mich immer wieder zur Vorsicht ermahnte, wenn der Kleine auf der Couch war. Mit etwas verwirrter und seltsamer weise leicht schmunzelnder Stimme sagt sie mir, dass der Süße gerade von der Couch gefallen sei. Als ob dass an sich nicht schlimm genug war, hat sie ihn doch glatt von einer der höheren Lehnenseiten herunter plumpsen lassen. Der Bodenbelag dort heißt übrigens „Laminat" und ist verdammt hart. Ich war bei der Nachricht nahe am Blutrausch und nur schwer zu beruhigen. Das 2. Ereignis folgte dann im 12 Monat. Ich wollte gerade zum Sport, war eigentlich schon aus der Tür, als ich einen leisen dumpfen Aufprall hörte. Da der Kleine bei unserer Verabschiedung auf dem Bett stand, musste ich nicht „The next Uri Geller" sein um zu wissen was passiert ist. Der Kleine ist aus dem Stand vom Bett gefallen. Boah...hab ich mit meiner Frau gemeckert. Ich habe sogar was gesagt, was mir, rückblickend Betrachtet, doch etwas leid tat. Mein Text lautete: „ Kann ich wirklich gehen, bist du in der Lage alleine auf Luca auf zu passen, oder muss ich zuhause bleiben?" Hätte meine Frau das zu mir gesagt, hätte ich sie geteert und gefedert mit Honig und Salzstangen. In meinem Kopf drehte sich dabei allerdings die Relation zwischen Betreuungszeit und Unfallhäufigkeit und ich erkannte eine erschreckend hohe Quote. Ich erwähnte dass der Kleine in doppelter Hinsicht den Weg nach oben suchte. Die zweite Variante war die wesentlich erfreulichere. Außer dass er sich die meiste Zeit zuhause stehend um den Tisch herum bewegte, suchte er auch immer öfter die aufrechte Haltung in freier Wildbahn. Wollte er sonst, wenn er die Arme ausbreitete, hochgenommen werde, so dürstete es ihm nun nach zwei helfenden Händen beim Stehen oder Laufen. Also machte ich teilweise den halben Tag nichts anderes als mit ihm durch die Wohnung zu gehen. Am Anfang war er noch recht frontlastig und an das Loslassen einer Hand war noch nicht zu denken. Versuchte ich es dann doch, setzte er sich demonstrativ hin mit einem Blick der zu sagen schien: „Willst du mich verarschen, ich bin erst 13 Monate alt." Am putzigsten war es beim Wickeln oder An- und ausziehen auf dem Wickeltisch. Denn da war er beim stehen fast auf Augenhöhe. Wir starrten uns dann häufig ca. 30 Sekunden an und er verweigerte jede helfende Hand um alleine zu stehen. Wenn er sich dann nach vorne fallen ließ breitete er die Arme aus und versank kurz in meine Armen. Eine andere Variante war die musikalische. Ich sang ihm etwas vor und er hüpfte mehr oder weniger im Takt mit. Kaum war der 13 Monat angebrochen, konnte man auch mal eine Hand weglassen. Was dann zu beobachten war, so etwa so aus, als würde man einem ungeübten Kanufahrer nur eine Seite des Paddels geben. Da Luca es ja schon gewohnt war, mit einem Seitwärtsschritt um unseren Tisch herum zu laufen, bediente er sich, sobald man eine Hand losließ gerne diesem gewohntem move. Und so ging man dann mit ihm gerne mal im Kreis. Egal, den Kleinen zog es mit eisernem Willen nach oben und darüber war ich, trotz der Unkenrufen derer die schon ein laufendes Kind haben, sehr froh. Nun sind Luca, meine Frau und ich im 15 Monat angekommen und Luca läuft. Besser gesagt er geht. Alleine und sehr sicher. An dieser Stelle bewahrheitet sich etwas, dass meine Ärztin immer zu mir sagte, wenn ich mich darüber auskotzte, dass der Kleine so lange braucht. Sie sagte, dass Kinder die sich mehr Zeit lassen, meistens wesentlich sicherer auf den Beinen sind und seltener umfallen. Ich bin mir sicher, dass es auch bei dieser Weisheit 1000 und 1 Meinungen gibt, da jedes Kind bekanntlich anders als das andere ist. Und doch gibt es mehr Parallelen als ich dachte. Immer wieder entdecke ich vergleichbare Entwicklungsschritte bei anderen Kindern. Wie gut, dass sich die Kinder über so einen mumpitz keine Gedanken machen und sich einfach nur freuen, die Welt plötzlich aus einer anderen Perspektive zu sehen und mit seinen Spielkameraden endlich auf Augenhöhe zu sein.

Hier und jetzt.....
eine Ära geht zu ende

Diese Zeilen schreibe ich hier und jetzt. Luca ist inzwischen 14 Monate alt. 9 Monate Elternzeit sind vorbei und so sehr ich diesem Moment entgegengefiebert habe, so unsicher bin ich mir, ob mir die Trennung von diesem kleinen sabbernden, temporär schreienden, vor sich hin kackenden, nervigen und zickigen Monster, das mir immer wieder liebe Küsse gibt, minutenlang einfach nur mit mir kuschelt, seinen Kopf nur zu gern in meine Achselhöhle drückt, so herzhaft lacht wenn wir rum albern, stolz klatscht wenn es alleine den Mount Couch besteigt und beim Einschlafen meine Hand nimmt und sie fest auf seine Wange drückt, wirklich so leicht fallen wird wie ich gedacht habe. Heute habe ich ihn das erste mal in eine Krippe gebracht. Wir waren zwar nur eine Stunde dort und ich war dabei, aber ich trug das schwere Kreuz des Wissens mit mir herum. Das Wissen, dass ich ihn morgen eine Stunde dort lasse ohne da zu bleiben. Das Wissen, dass ich ihn nächste Woche 3 Stunden dort lassen werde ohne da zu bleiben. Und ich weiß, dass er ab Januar von 11 bis 16 Uhr dort sein wird, ohne mich seinen Mittagsschlaf machen muss (Erklärung folgt) und eben nicht mal eben mit mir Kuscheln können wird. Ich werde ab 13 Uhr zur Arbeit gehen, ab 14 Uhr auf der Autobahn sein und eben nicht mal eben meine Kleinen in den Arm nehmen können und ihn nicht trösten kann wenn er nicht schlafen kann oder will. Wenn ich meine Gedanken während der letzten Monate reflektiere, erscheinen mir diese Bedenken doch sehr schizophren. Plötzlich fange ich an, die mir bisher nicht einleuchtenden Gedankengänge meiner Frau , zu verstehen. War sie am Anfang primär erst mal froh wieder zu arbeiten, hat sie sich abends schon fast überschwänglich auf den Kleine gefreut. Ich kann mich an jede Gelegenheit erinnern, bei der wir Luca mal bei der Oma gelassen haben.Meist wegen einer Party oder Ähnlichem. Die Stunden davor waren geprägt von Vorfreude, wie vor dem ersten Sex.. Aber schon bei der Verabschiedung knickte ich ein wie ein Ei für eine Spaghettifabrik.. Ich hatte immer das Gefühl, dass ihm etwas fehlen wird und er sich unwohl fühlen wird. Am meisten Angst hatte ich aber, dass er uns beim Einschlafen so vermissen wird, dass er sich ins Koma weinen muss. Natürlich wurde ich immer eines besseren belehrt, da er bei Oma meist besser einschlief als bei uns. Waren wir dann auf irgendeiner Party, war ich der erste der bei Oma anrufen wollte um zu fragen ob alles ok ist. Dabei weiss ich, dass mein Problem mit der Trennung in aller erster Linie egoistisch geprägt ist. Denn machen wir uns nix vor. Die Tatsache, dass der Kleine nicht mehr soviel mit einem Kuscheln kann, rangiert bei dem Kleinen in dem Alter wohl zwischen einem Ball der aus seinem Blickwinkel verschwunden ist und der letzten Mahlzeit. Soll heißen, ich denke er verschwendet keine leidenschaftlichen und langfristigen Erwartungen an diese Kuschelzeiten. Ganz anders der Papa, der reell gesehen vermutet, dass er einfach in ein paar Wochen nicht mehr so gebraucht wird, wie in den letzten Monaten. Fakt ist: Ich liebe meinen Sohn und ich werde die gemeinsame Zeit vermissen. Ich werde mich aber auch mit Freude neuen Aufgaben widmen und hoffen, dass ich weiterhin maßgeblich an seiner Entwicklung teilhaben kann. Alles in allem muss ich sagen, dass mich die Elternzeit geprägt, aber auch eine Menge gelehrt hat.

Wenn mich dann jemand fragen wird, was ich denn aus dieser Zeit gelernt habe, dann dass sich so eine Zeit mit nichts erklären oder vergleichen lässt. Ich denke, dass so eine Elternzeit jeden Egomanen oder sonst gearteten selbstbezogenen Menschen innerhalb dieser neun Monate heilen kann. Denn man wird moralisch und emotional quasi dazu gezwungen an alles mögliche zu denken nur nicht an sich selbst. Fragt man mich ob ich die Zeit bereue, muss ich mit einem klaren NEIN antworten. Denn trotz der fast kompletten Selbstaufgabe, habe ich mehr gewonnen als verloren. Jede Sekunde, die ich meinem Sohn dabei zusehen konnte, wie er sich entwickelt, die erste Geheimsprache erlernt, das erste mal krabbelt und seine Beziehung zu mir mit Küsschen und Geschmuse vertieft, kann ich gegen nichts negatives aufwiegen. So sehr ich jetzt auch versuche mich auf die Momente zu konzentrieren, in denen er geschrien hat, mich ankackte, anpisste, einfach nur gemeckert oder gebrüllt hat, das essen mit beiden Händen in der Gegend verteilt hat und mit vermeindlicher Absicht meiner Grenzen ausgetestet hat, so sehr drängen sich die positiven Gedanken in den Vordergrund und das Negative verblasst. Dieses Fazit sollte allerdings nicht darüber hinwegtäuschen, dass es mitten in der Elternzeit genau andersrum war. Selbst wenn er 5 Tage brav war und das erste mal wieder Zickig, waren die 5 Tage ausgeblendet. Und auch wenn sich mein Resüme sehr positiv anhört, so heftig war es teilweise mittendrin. Meine Gemütsschwankungen reichten von Depressionen über Fluchtgedanken bis hin zum Wannenbad in Selbstmitleid. Trotzdem würde ich es (fast) jedem Mann empfehlen. Man lernt sein Kind kennen. Und ich meine richtig kennen. Mimik, Gestik und Sprache. Alles in allem. Man lernt sein Kind lieben. Und auch wenn es sehr trivial klingt.

Die meisten Menschen müssen erst lernen zu lieben.

Die erlösenden Bremsen haben eingesetzt und die Bügel öffnen sich. Zurück bleibt die Erkenntnis, dass die Fahrt zwar spannend und aufregend war, man aber nicht weiß, ob man diese Erfahrung unbedingt nochmal machen möchte. Mist, …..die nächste Bahn ist schon in Sicht.

Epilog

Auch wenn dieses Buch hier endet, die Ereignisse überschlagen sich weiterhin. Und wenn ich mir in der ersten 15 Monaten schon vorkam wie in einer Achterbahn, vermute ich aufgrund der Vorzeichen, dass die nächsten Monate und Jahre wohl die härtesten und schnellsten Thrillrides und Rollercoaster bereit halten werden. Ich habe mir vorgenommen, dass ich auch diese Epochen in Worte fassen werde, wenn dieses Buch die unglaubliche

Verkaufsgrenze von 50 Stück erreicht. Dieses kleine Buch zu schreiben, war aufgrund des, hier mehrfach erwähnten, schwierigen Zeitmanagements, eine echte Herausforderung. Teilweise lagen mehrere Wochen zwischen den Sessions, so dass ich mir fast alles wieder durchlesen musste um den Anschluss wieder zu finden. Luca hatte seinen Anteil daran, dass ich das Vorhaben das ein oder andere mal einfach aufgeben wollte. Vielen Dank an viele Freunde die mich immer wieder dazu getrieben haben endlich mal ein Buch zu ende zu schreiben.

*Neuner beim Break: Das Einlochen der Neun beim Eröffnungsstoß. Dies führt bei der Billardvariante „Neun-Ball" zum sofortigen Sieg.

Spezieller Dank an:

Svenya
Costa
Marco
Meine Frau
Meinen Vater Jörn

Herstellung und Verlag:
BoD – Books on Demand, Norderstedt
ISBN 978-3-7322-3865-1